EL CETRO Y EL BOLSILLO

Asia y África: los más escandalosos
casos de gobernantes corruptos

Hugo Montero

EL CETRO Y EL BOLSILLO

Asia y África: los más escandalosos
casos de gobernantes corruptos

CONJURAS

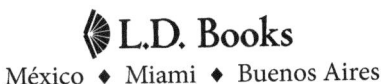
México ◆ Miami ◆ Buenos Aires

El cetro y el bolsillo
© Hugo Montero, 2012

 **L.D. Books**

D. R. © Editorial Lectorum, S. A. de C. V., 2012
Batalla de Casa Blanca Manzana 147 Lote 1621
Col. Leyes de Reforma, 3a. Sección
C. P. 09310, México, D. F.
Tel. 5581 3202
www.lectorum.com.mx
ventas@lectorum.com.mx

L. D. Books, Inc.
Miami, Florida
ldbooks@ldbooks.com

Primera edición: marzo de 2012
ISBN: 978-1501-044069
D. R. © Portada: Mariel Mambretti

Impreso y encuadernado en México.
Printed and bound in Mexico.

Introducción

Las noticias se repiten y multiplican por los diversos medios masivos de comunicación. Pero la prensa occidental se detiene en África y en Asia sólo ante determinadas circunstancias. Como bien señaló el titular de la organización Reporteros sin Fronteras, Fernando Castelló: "Los pobres no interesan ni conmueven más que cuando se mueren o se mueven en masa".

A esta sentencia habría que añadirle, además, que el interés del mundo civilizado también se dirige hacia estas recónditas regiones cuando sus dictadores saquean a discreción las arcas públicas, se refugian en el exilio con su fortuna a cuestas o son derrocados por nuevos tiranos, que insisten en perpetuar el ciclo de corrupción.

En cada caso, una vez más, los títulos de los periódicos compiten entre sí para revelar los casos más escandalosos desde sus páginas:

"El presidente de Sudán guarda 6.800 millones en bancos del Reino Unido."

"Vinculan al presidente de Mozambique con el narcotráfico."

"La corrupción le cuesta a Kenia hasta el 40% de su presupuesto."

"Ex jefe de las Fuerzas Armadas de Filipinas se suicida por escándalo de corrupción".

"Dos ONGs denunciarán al presidente de Túnez por lavado de dinero."

El debate sobre la corrupción y su estrecho vínculo con el poder de los hombres está signado de hipocresía, complicidad y lugares comunes. Es más: casi no hay manera de eludir estas miradas superficiales, incompletas y primitivas cuando se trata de describir un fenómeno que puede adoptar formas múltiples y emerger en los sitios más insospechados, sin que sea posible articular aún una respuesta global a una lacra que ya forma parte hace mucho tiempo del mundo político moderno.

¿Es el poder el que corrompe de forma inexorable?

¿Es el género humano siempre tan permeable a la tentación de apropiarse de lo ajeno desde los resortes del Estado que resulta imposible evitarlo? ¿Cómo es posible comprender que regiones bendecidas con incalculables riquezas naturales no sean capaces de librar a sus millones de habitantes de la miseria extrema que padecen durante décadas?

¿Qué trama oculta permite que la misma dinámica de corruptores y corruptos se afiance, se reproduzca y siga funcionando durante más de un siglo?

¿Por qué no se toman medidas eficaces para detener una mecánica regresiva que no sólo impide el desarrollo de países y regiones, sino que también transforma a sociedades enteras en modelos a escala cada vez más pequeña de corrupción arraigadas desde los sectores de mayor capacidad adquisitiva hasta los de menores posibilidades económicas?

¿A qué se debe que las corporaciones multinacionales incrementen sus ganancias en el marco de gobiernos autoritarios y déspotas, mientras aducen problemas de rentabilidad en otro tipo de regímenes?

Según estimaciones del Banco Mundial, la corrupción le cuesta a África unos 148 millones de dólares por año, y además es la responsable de incrementar el costo de los bienes en al menos un 20%.

Para los investigadores de la Unión Africana, la corrupción consume el 25% del Producto Bruto Interno del continente, y ocasiona la pérdida del 10% de sus recursos.

De los 180 países del mundo que contempla el Índice de Percepción de la Corrupción, elaborado cada año por la organización Transparency International, en un orden de corrupción creciente, 16 estados africanos ocupan los últimos cuarenta lugares en ese incómodo *ranking*.

Uno de los "Objetivos del Milenio" del Programa de las Naciones Unidas para el Desarrollo (PNUD) era reducir la pobreza de África a la mitad en 2015. Sin embargo, los últimos estudios confirman que será imposible alcanzar esta meta antes de los próximos ciento cuarenta años debido al drama de la bautizada "cleptocracia" de muchos de sus gobernantes.

En el caso de Asia, según el reporte "Combatir la Corrupción, transformar la vida", presentado por las Naciones Unidas en Indonesia, durante 2010, más del 20% de los ciudadanos entrevistados admitieron haber sido víctimas de delitos como sobornos, tráfico de influencias, fraudes, nepotismo o extorsión.

Según se estima en el mismo informe, las "comisiones" recibidas por funcionarios públicos en los países menos desarrollados de Asia suman una cifra que oscila entre los veinte mil y los cuarenta mil millones de dólares al año.

De todos modos, se manifiestan algunas diferencias entre la dinámica ilegal en ambos continentes: el grado de corrupción en Asia no es tan grande como en los países de África.

Por caso, los negociados a partir del otorgamiento de licencias para la explotación de recursos naturales son menos extendidos y el fruto de las ganancias ilícitamente obtenidas generalmente no se envía al extranjero, sino que se reinvierte en el país. En Asia, el dinero cambia de manos, pero se queda dentro de las fronteras nacionales.

Pero más allá de los matices, en ambos continentes irrumpe un denominador común evidente: la llave para comprender la matriz de las enormes desigualdades sociales es la corrupción.

Pese a ello, resulta ingenuo suponer que los gobiernos "cleptócratas" enclavados en muchos de los países más pobres podrían sostenerse sin el respaldo de una trama conspirativa que opera a plena luz del día y con absoluta impunidad; se trata de la compleja red de comisiones y beneficios varios entre administraciones locales dispuestas a todo, corporaciones transnacionales y gobiernos occidentales.

Sin el trabajo en coordinación de estos tres ejes, el fenómeno de la apropiación de la renta nacional por parte de un puñado de poderosos resultaría impensable.

Para los medios occidentales, detrás de los enfrentamientos tribales en regiones desconocidas se confirman cada uno de los lugares comunes referidos a África: atraso cultural de la población, salvajismo de las dictaduras, un pasado colonialista nunca superado, impotencia de los "cuerpos de paz" internacionales. Pero nunca parecen dispuestos a desnudar como motivación de fondo la acción de las corporaciones, sus intereses de explotación ventajosa y el respaldo de los gobiernos de las grandes potencias como garantes y defensoras de las inversiones en el exterior.

Entonces, apenas si se describe al detalle el perfil de dictadores extravagantes y crueles, perpetuados en sus cargos y dueños de inmensas fortunas depositadas en bancos europeos, como piezas extrañas y exóticas en un mundo globalizado, anormalidades en un mapa geopolítico razonable y controlado por organismos transparentes y eficaces.

Por eso, muy de vez en cuando, algunos líderes del mundo civilizado imponen sanciones contra regímenes denunciados por blanqueo de dinero o tráfico de drogas, pero la política de las compañías de su propia bandera siempre es otra.

Mientras la gestión del presidente de Zimbabwe, Robert Mugabe, fue criticada por la Unión Europea y Estados Unidos en diversos foros internacionales, y se tomaron medidas concretas (como suspender programas de cooperación y congelar las cuentas bancarias de varios miembros del gobierno), las empresas con sede en esos mismos países continuaron con normalidad su vínculo comercial con la gestión sancionada; por eso, la multinacional Nestlé siguió comprando hasta un millón de litros de leche al año a las cinco granjas cuya propietaria era Grace Mugabe, la esposa del mandatario acusado.

¿Y qué es lo que sucede con las respetables instituciones globales, responsables de auditar, analizar y sancionar a los gobiernos corruptos en todo el planeta?

En nada ha quedado la denuncia, en 2008, contra dos funcionarios de la ONU (Ventzislav Stoykov y Edgar Casals) de la ahora disuelta Fuerza de Aprovisionamiento, por el delito de robo de cientos de miles de dólares mientras manipulaban propuestas y celebraban acuerdos privados con contratistas que debían supervisar desde la Comisión Económica por África.

Por otra parte, una investigación interna realizada en torno del escándalo con el programa humanitario "Petróleo por alimentos", que llegó a movilizar unos sesenta y cuatro mil millones de dólares en Irak, confirmó la existencia de casos de corrupción en la ONU, así como graves errores de control y administración, según un documento presentado por el ex presidente de la Reserva Federal, Paul Volcker.

La acusación gira en torno del ex director del programa, el chipriota Benon Sevan, quien habría cometido fraude y soborno al haber recibido ciento sesenta mil dólares procedentes de la venta de petróleo iraquí a través del proyecto que él mismo, como funcionario, dirigía.

Pero el informe no hace referencia alguna a las denuncias contra 319 "cascos azules" de la ONU por explotación sexual y abusos cometidos contra menores de edad en el Congo, Liberia y Sierra Leona, según publicó en enero de 2007 el diario inglés *Daily Telegraph*.

En Somalia, por ejemplo, un país donde 2.5 millones de personas dependen de la ayuda alimentaria enviada por la ONU para su subsistencia, al menos la mitad de esos recursos queda en manos de agencias contratistas, casi siempre testaferros de los hombres más poderosos del país.

Pero eso no es todo: según los informantes del Programa Mundial de Alimentos (PMA), los trabajadores locales de las Naciones Unidas se beneficiaron durante años del comercio ilegal de la ayuda alimentaria. Por eso no sorprenden las explosivas declaraciones de Inga-Britt Ahlenius, ex jefa de la Oficina de Servicios de Supervisión Interna de la ONU quien, poco después de abandonar su cargo en 2010, criticó duramente al secretario general del organismo, Ban Ki-moon, diciendo:

"Sus actuaciones no sólo son deplorables, sino gravemente reprensibles. Su actuación no tiene precedentes y, en mi opinión, es una vergüenza."

Y después agregó que en las Naciones Unidas:

"...no hay transparencia ni depuración de responsabilidades. En lugar de apoyar los controles internos, [Ban Ki-moon] ha intentado controlarlos para minarlos."

Como conclusión, la ex funcionaria, especialista en el seguimiento de casos de corrupción, disparó a su vez: "La ONU se hunde".

En cuanto a las organizaciones no gubernamentales vinculadas al estudio de la corrupción a nivel global, las mediciones sobre transparencia siempre toman en cuenta los límites fronterizos de cada país, evitando abordar de ese modo la conflictividad de un delito globalizado.

De ese modo, quedan expuestos los países corruptos, pero a salvo las naciones corruptoras.

Un grueso manto de hipocresía recubre cada informe exigiendo "transparencia", presentado por entidades financieras internacionales, como el Banco Mundial, el Fondo Monetario Internacional, o bien por ONGs que insisten en la aplicación de programas de "ayuda para el desarrollo" que han terminado, desde siempre, en los bolsillos de los dictadores de varios continentes.

Por ejemplo, el Banco Mundial señala la existencia de una "corrupción silenciosa" omnipresente en África y Asia, que alude a la tendencia en algunas poblaciones a apelar al delito menor y a conductas poco éticas para sacar ventaja; donde el pago de sobornos es un recurso al que la gente común recurre para evitarse problemas con las autoridades y para agilizar trámites necesarios.

En su informe "Indicadores de desarrollo de África 2010", el organismo asegura, como ejemplo, que los maestros de enseñanza primaria del África subsahariana faltan al trabajo entre 15%

y 25% del tiempo, y que en Tanzania el 80% de los niños muere de malaria por la desidia y la ineptitud de los profesionales de la salud. Para la entidad con sede en Washington, aunque cueste creerlo, los culpables de la pobreza... ¡son los pobres!

Doug Hellinger, director ejecutivo de la organización Development GAP, en cambio, admite que las responsabilidades se tendrían que distribuir de otra manera en regiones donde las políticas de libre mercado, privatizaciones y endeudamiento crónico, incentivadas por los operadores financieros, motorizaron la corrupción y contribuyeron a la ineficacia de los programas de salud y educación, justamente por insistir en la reducción de los presupuestos destinados a estas áreas. Según afirma:

"Históricamente, el Banco Mundial ha facilitado la corrupción al modificar el ambiente político en estos países. Sólo el hecho de que el Banco Mundial insistiera en la aplicación absoluta de los Programas de Ajuste Estructural y que condicionara los préstamos a su aplicación, creó un ambiente de corrupción. Se trata de una práctica corrupta".

Y Barack Obama, el presidente de Estados Unidos, durante su gira por el continente africano en 2009, aseguró a su vez:

"Ningún país va a crear riqueza si sus líderes explotan la economía para enriquecerse ellos mismos, o si la policía puede ser comprada por los narcotraficantes".

El mandatario, hijo de un pastor de cabras en Kenia, erraba en su diagnóstico: muchos de los países más corruptos de África y Asia pueden crear riquezas, y son aquellos que mayor capacidad de generarla tienen a partir de sus recursos naturales. Pero ése no sería su único error. Obama también señaló:

"Es muy fácil acusar y culpar a otros por los problemas. Occidente no es responsable de la destrucción de la economía zimbabwense en la última década, o de las guerras en las que los niños son enlistados como combatientes".

Desconociendo el papel de un colonialismo salvaje durante más de medio siglo, y de otra etapa signada por el saqueo de materias primas por parte de corporaciones multinacionales, Obama evitó referirse al papel de las compañías estadounidenses, impulsoras de muchas de las guerras modernas en África (aquellas en las que participan los niños-soldados que tanto escandalizan al mundo civilizado), y mucho menos al problema de, por ejemplo, los compradores norteamericanos de los diamantes sangrientos de Zimbabwe.

Pese a sus tropiezos, el presidente insistió ante los micrófonos de la prensa:

"Ninguna empresa quiere invertir en un lugar donde el gobierno se queda con el 20% de las ganancias, o donde la cabeza de la autoridad aduanera es corrupta".

¿Ignoraba acaso Obama buena parte del presente africano y asiático, marcado por las millonarias inversiones de las compañías multinacionales precisamente en países controlados por tiranos y déspotas, muchas veces promovidos, impuestos y sostenidos en sus cargos por la influencia de esas mismas corporaciones?

¿Se trataba simplemente de un recurso de ocasión para evitarse problemas y escribir un nuevo capítulo en la historia, contada tantas veces, de la tragedia africana desde lugares comunes que ocultan las atrocidades de los aliados para desnudar los crímenes de los enemigos comerciales?

¿Hay otra verdad sobre la corrupción de los poderosos detrás de cientos de miles de páginas repletas de prejuicios, verdades a medias y miradas superficiales?

¿Será posible divulgar alguna vez la trama secreta que permite a dictadores y déspotas volverse millonarios desde la comodidad de su rol de cómplices necesarios y a partir de aceitar un mecanismo elemental del capitalismo moderno?

Eso es lo que esperan millones de compatriotas de esos funcionarios corruptos, y lo deseable, si es que las declaraciones de libertad e igualdad universal han de pasar alguna vez del papel a los hechos.

Conocer en profundidad cada una de las biografías de estos personajes, registrar el sendero transitado por cada uno de los protagonistas de estas vidas marcadas por tiempos de ambición, saqueo e impunidad, y apuntar con precisión los detalles de su fortuna creciente en el contexto de países enterrados en la miseria y la violencia quizá sea un primer paso en ese sentido.

Capítulo 1
NIGERIA
EL PARAÍSO DE SANI ABACHA
EL INFIERNO DE SHELL

> "Para una empresa comercial que se propone realizar inversiones, es necesario un ambiente de estabilidad. Las dictaduras ofrecen eso."
>
> Naemeka Achebe, gerente general de la Shell en Nigeria

Cuando la Corona británica se dignó a concederle a Nigeria la independencia total como colonia en 1960, Shell ya estaba allí. Cuando en 1962 un joven estudiante de la etnia kanuri, de nombre Sani Abacha, oriundo de Kano (un pueblo del norte musulmán), ingresaba en la Academia Militar de Kaduna y comenzaba una vertiginosa carrera en el ejército que lo llevaría a participar de la guerra de Biafra, la petrolera anglo-holandesa llevaba ya varios años extrayendo el petróleo de las entrañas del país más grande y populoso de África.

Más de tres décadas después, cuando un paro cardiaco, producto de una ingesta desmedida de Viagra en compañía de dos prostitutas, en la residencia presidencial de Abuya, ponía fin a la existencia de quien ya se había transformado en el más poderoso, corrupto y sanguinario dictador de la historia regional, la Royal Dutch Shell acumulaba unos cuatrocientos mil millones de dólares de ganancias por la explotación del principal recurso natural de Nigeria. Y no hay forma de relatar la vida y la presidencia del general Sani Abacha (desde 1993, hasta su inesperada muerte, en 1998) sin reparar en la historia de esa gigante empresa transnacional.

Como dos destinos entrelazados, uno y otro se necesitaron mutuamente, se otorgaron beneficios y facilidades, edificaron un paraíso a la medida de sus intereses y defendieron su cuantioso patrimonio del modo más cruel posible, sin detenerse en el respeto por los derechos humanos o en los desastres ambientales generados.

Para comprender quién fue títere y quién titiritero en la tragedia nigeriana, es preciso partir de una doble premisa. Primero: sin la complicidad de Shell la obscena fortuna personal del presidente Abacha hubiera sido imposible de acumular, más allá de un sistema de administración corrupto bien aceitado desde el poder militar que atraviesa a toda la sociedad nigeriana.

Segundo: sin las garantías y los favores del dictador, Shell nunca hubiera podido edificar un imperio sobre la base del petróleo y gas africano durante tantas décadas, sin detenerse ante las protestas de manifestantes ambientalistas y aun asumiendo el costo de financiar fuerzas paramilitares para proteger sus inversiones.

En ese vínculo entre el dictador y la corporación es posible comprender la extrema complejidad de una dinámica que, no exenta de una matriz de saqueo y corrupción, explica por sí misma el presente de pobreza y rivalidad étnica que subsiste como identidad en una de las naciones alguna vez mencionada, por capacidad productiva y extensión geográfica, como potencia futura en un continente devastado por historias similares.

La paradoja de la abundancia

La maldición del petróleo es el título que ha elegido la prensa europea para describir la cruel paradoja que se sucede en los países más ricos en reservas hidrocarburíferas de África. No existe explicación posible para quienes, sin detenerse a observar décadas de funcionamiento de un sistema extractivo basado en el saqueo y la corrupción, ignoran cómo un país como Nigeria, el mayor productor de petróleo del continente y el séptimo a nivel mundial, con ingresos estimados de diez mil millones de dólares por año por la venta de 2.3 millones de barriles de crudo al día y una reserva gasífera de las principales del mundo, sigue empantanado desde hace décadas en una pobreza estructural.

Ciento cincuenta millones de habitantes se dividen en doscientas cincuenta tribus y hablan ciento veinte lenguas distintas en un escenario donde siempre se configuran latentes las rivalidades étnicas y regionales, muchas veces potenciadas por intereses económicos ajenos a cualquier debate identitario o nacionalista.

El petróleo representa para Nigeria algo más que el 80% de sus ingresos totales por año: significa la punta del ovillo que permite desenredar una madeja de miseria y exclusión sin paralelo.

Según cifras del Banco Mundial, el 85% de las ganancias por la renta petrolera se las apropia el 1% de la población. Ocho de cada diez nigerianos viven a inicios del siglo XXI por debajo del umbral de la pobreza, casi el doble en comparación con 1992.

Entre 1970 y 2000 el número de personas que subsistían con menos de un dólar al día creció de 19 millones a 90 millones. La deuda externa supera el 90% de su PBI y la expectativa de vida no llega a los cincuenta años.

Los nigerianos asisten a una historia de depredación que sólo pueden explicar a partir de las características degradantes de su propia clase dirigente. En la lengua de la tribu yoruba, el término *chakara* ("desfachatez") sintetiza mejor que cualquier ensayo sociológico el comportamiento de varias generaciones de políticos y empresarios nigerianos, en uno de los países que nunca baja del podio de los más corruptos del mundo, según las estimaciones de la ya mencionada organización Transparency International.

Pero donde la paradoja se tensa hasta el grado de volverse absurda, es en la zona del delta del río Níger, la mayor región petrolera en tierra firme, ubicada en el sudeste del país. De esa extensión de cinco mil kilómetros de oleoductos y gasoductos en manos de las compañías multinacionales Shell, Chevron, Elf, Exxon Mobil, Texaco y Agip, se obtienen unos quinientos mil barriles de crudo a diario, lo que representa una cuarta parte del petróleo nigeriano.

Pero también en el Delta del Níger los cortes de energía eléctrica son frecuentes, no hay nafta en las estaciones de servicio por la escasez crónica de combustible, el desempleo en algunas zonas trepa al 90% y los servicios sociales son deficientes, en el mejor de los casos.

Pero eso no es todo.

Una región bendecida por la riqueza del "oro negro" como ninguna otra en toda África se ha transformado en uno de los cinco lugares más contaminados del mundo, hasta tal grado que hoy la industria petrolera allí instalada es la mayor fuente de calentamiento global del mundo.

Como muestra bastan algunos datos: de 1976 a 1996 se han producido 4835 vertidos de crudo en la región y al menos dos mil muertes asociadas a oleoductos perforados y saqueados. Citemos apenas dos casos: la explosión de una tubería de Shell en 1998 mató a más de cuatrocientas personas y un derrame de petróleo en junio de 2001, en Ogdobo, destruyó la única fuente de agua potable que abastecía a más de quince mil personas. Tales desbordes producen que la agricultura y la pesca, actividades básicas de supervivencia para los habitantes de la zona, se hayan vuelto prácticamente imposibles.

Éste es el paraíso donde Sani Abacha construyó un gobierno militar con mano de hierro, bajo la excusa de necesitar de la violencia y el recorte de los derechos básicos para mantener unificada a una nación marcada por la diversidad étnica.

El escenario ideal para edificar, en apenas seis años de gestión, un refugio para las inversiones de capitales extranjeros, protegidos por la firmeza de un Estado policial y, al mismo tiempo, un salvoconducto ideal para distribuir millones de dólares, producto de sobornos y comisiones, en varias cuentas bancarias alrededor del globo.

La fortuna de un insaciable

Según explica un vecino de la ciudad de Lagos: "Aquí nadie quiere ser maestro. Todos quieren ser agentes de aduana… por los sobornos". El hombre intenta sintetizar así cómo el sistema de administración, enajenado absolutamente por la corrupción, identifica en pequeña y gran escala a toda la población nigeriana.

Confirmando la percepción generalizada, el militante anticorrupción y futuro candidato a presidente Nuhu Ribadu afirmó que, en 2003, un 70% de la riqueza petrolera del país fue robada o desperdiciada, que en 2005 la cifra era del 40% y que la estimación oficial admite que al menos el 15% de las ganancias por el crudo es robado por la pequeña mafia petrolera. Pero recurrir a la explicación del "estigma maldito" que le impide a una nación desarrollarse y crecer sólo por el apetito insaciable de sus gobernantes es repetir la fórmula, falsa y basada en prejuicios y lugares comunes, de los mismos organismos internacionales que nunca sugirieron imponer sanciones a la dictadura nigeriana por las repetidas violaciones a los derechos humanos, la destrucción ambiental o la flagrante política de cleptocracia llevada a cabo por el gobierno de Abacha.

"Existe un amplísimo acuerdo entre los observadores de que la corrupción, política y económica, explica en primer lugar la pobreza en Nigeria", señala un superficial informe de la African Peer Review Mechanism, la entidad de vigilancia continental establecida por la Unión Africana.

¿Pero cómo pueden un gobernante y su clan familiar desviar cuatro mil trescientos millones de dólares de las arcas públicas, catalogarlos como "ahorros personales" y depositarlos en más de tres decenas de cuentas bancarias en el extranjero, sin ser nunca sancionado o investigado por los tribunales de la Unión Europea y Estados Unidos?

¿Nadie se preguntó cuál era el origen de los sesenta millones de dólares que Abacha depositó en el Citibank de Nueva York en 1998, o cuando unos parientes del dictador se presentaron en un banco suizo poco después para ingresar doscientos quince millones de euros alegando que se trataba de ganancias procedentes "del comercio de hollín"?

¿Resulta en algún punto contradictorio que mientras las corporaciones europeas y estadounidenses incrementaban sus inversiones en Nigeria, en detrimento de los intereses de sus pares francesas, el régimen de Abacha intensificara su respuesta represiva ante rebeliones espontáneas y organizadas de algunos sectores de la población, que ponían en riesgo las instalaciones de las empresas petroleras?

¿Qué impidió que Abacha y su clan se apropiaran de ciento treinta y dos millones de dólares en concepto de "comisiones" para otorgar un contrato a la multinacional americana Halliburton para la construcción de una terminal de gas valuada en ciento veinte mil millones de dólares, según denunció sin demasiado eco el diario británico *The Independient?*

Según apunta John Christensen, representante de *Tax Justice Network*:

"Alguien como el dictador Sani Abacha no pudo simplemente sacar todo el dinero que se llevó de Nigeria sin contar con una infraestructura gigantesca".

Si bien las crónicas de prensa señalan la absoluta impunidad con que Abacha ha trasladado su fortuna ante los ojos de miles de pobres en su país, transportando el dinero desde el Banco Central hasta su mansión en un camión, el entramado ilegal que permitía al dictador y a su entorno "lavar" sus fondos y distribuirlos en varios bancos alrededor del planeta no se explica con la inverosímil imagen del camión de caudales atravesando las calles de Lagos hasta la residencia Abacha.

Más cerca de la verdad, la organización Global Witness acusó en 2010 a cinco bancos británicos (Barclays, NatWest, Royal Bank of Scotland, HSBC y USB) de haber aceptado cerca de mil millones de libras del dictador nigeriano y de su entorno sin preocuparse nunca por indagar el origen de los depósitos millonarios, violando las permeables normas de la Autoridad de Servicios Financieros inglesa.

El extremo del desatino surgió cuando se comprobó que el Royal Bank of Scotland, una de las entidades que fue rescatada por el gobierno británico durante la última crisis financiera, permitió al ex gobernador nigeriano del estado de Bayelsa, Diepreye Alamieyeseigha, ingresar al Reino Unido tres millones de euros. Era el mismo gobernador que fue encontrado culpable de corrupción y condenado a dos años de cárcel por la justicia de su país, pero liberado en cuestión de horas al conmutarle la prisión preventiva.

Desde la organización Global Witness puntualizaron:

"Resulta ofensivo no sólo que los contribuyentes hayan tenido que rescatar un banco, sino que ese banco haya facilitado la corrupción en Nigeria, un país donde más de la mitad de la población no tiene acceso al agua potable".

El pacto utilitario entre dictadores y entidades financieras nunca quedó mejor demostrado que a partir del caso Abacha. Unos y otros se necesitan, y cuando hay tanto dinero de por medio, las preguntas incisivas están de más.

Mano dura, bolsillo blando

Desde 1983 y hasta 1993, cada golpe militar que desvanecía las frágiles expectativas democráticas de Nigeria contaba con el apoyo, cada vez más protagónico, del general de infantería Sani Abacha, un estudioso militar que viajó durante su adolescencia al Reino Unido para adoctrinarse en la Academia de Infantería de Westminster, y a Estados Unidos, donde cursó en el Colegio Internacional de Defensa, en California, antes de participar activamente en la guerra secesionista en Biafra, de regreso al Continente Negro.

Nombrado primero jefe del Personal Militar y luego ministro de Defensa en 1990, los años que siguieron le permitieron urdir con paciencia la red de alianzas necesaria para pegar el zarpazo y erigirse, tres años después, en el dictador de Nigeria. Y lo hizo a partir de un discurso de unidad nacional, desconociendo el resultado de las elecciones presidenciales realizadas días antes de su incruento golpe de Estado el 17 de noviembre de 1993.

Claude Ake, catedrático nigeriano, definió desde entonces el vínculo entre el gobierno militar de su país (la dictadura africana que más dinero destinaba a los gastos militares) y la compañía británica Shell como la "militarización del comercio". El desprecio por el cuidado ambiental, con costos que muchas corporaciones no están dispuestas a pagar en África, es otra de las consecuencias lógicas del pacto común entre empresas y dictadores. Como afirma el Worldwatch Institute:

"Apoyándose en la complicidad del gobierno, Shell nunca ha llevado a cabo ninguna evaluación ambiental antes de excavar nuevos pozos o instalar oleoductos".

En procura de salvaguardar las inversiones de las empresas petroleras, Abacha no dudó en reprimir con brutalidad cualquier atisbo de manifestación crítica a la explotación en su país. A tal punto que Shell tuvo que admitir en 2004 que la empresa había enviado muchas solicitudes oficiales dirigidas hacia las fuerzas antidisturbios del régimen, con la exigencia de reprimir manifestaciones en su contra.

En una carta dirigida al comisario de la policía en Umechem, en 1990, Shell exigía, a pesar del tono empleado:

"Solicitamos que nos proporcione con urgencia la protección de la seguridad (policía, preferentemente móvil) en este lugar".

Pero el rol de la compañía iba más allá del reclamo de "protección" del Estado: entre 1993 y 1995 proporcionó armamento al gobierno y conformó su propia fuerza de seguridad privada con la excusa de defender sus instalaciones de "ataques tribales", excusa que significó la destrucción de asentamientos, la quema de aldeas enteras y la muerte de al menos tres mil nigerianos en esa etapa.

Como ejemplo de la complicidad entre militares y empresarios, el 30 de junio de 1994 se manifestaban unos diez mil integrantes de la etnia ogoni en la aldea de Biara, contra la instalación de un nuevo oleoducto de Shell. Los militares, que escoltaban al personal contratista, difundieron entre los aldeanos el siguiente mensaje:

"Ésta no es la tierra de ustedes, pertenece al gobierno, el cual nos ha enviado para proteger a los trabajadores de Shell a cumplir con su labor. Si alguien interfiere con el gasoducto, será detenido y podría morir por los disparos".

Poco después, llegó la orden de disparar contra la multitud. De esa metodología de acción directa tampoco escapaba su par estadounidense en sus pozos de extracción. Según señalaba Nnimmo Bassey, director ejecutivo de Environmental Rights Action:

"Chevron regularmente aloja y alimenta a las fuerzas de seguridad, incluyendo el ejército, la marina y la policía, y les paga mejores sueldos que los del gobierno".

Además, Bassey afirmaba que la empresa entregó a los militares maquinaria, como barcos y helicópteros, en alquiler para custodiar sus inversiones.

Petróleo sangriento

El narrador Ken Saro-Wiwa, candidato al Premio Nobel de la Paz por su activa militancia en defensa de los derechos de su etnia, los ogoni, ante el desastre ecológico en el Delta del Níger, escribió con dolor:

"Lo que la Shell y la Chevron han hecho al pueblo ogoni, a sus tierras y a sus ríos, a sus arroyos, a su atmósfera, llega al nivel de un genocidio. El alma del pueblo ogoni está muriendo y yo soy su testigo".

La respuesta del gobierno nigeriano ante la protesta ogoni de 1995 fue criminal y ejemplificadora; una señal para todo aquel que osara interponerse entre el "oro negro" y el poder de las petroleras: la detención, el juicio arbitrario y el ahorcamiento de nueve activistas del Movimiento para la Supervivencia del Pueblo Ogoni (Mosop), entre ellos el ecologista y escritor arriba mencionado, Ken Saro-Wiwa, pese al masivo rechazo de la comunidad internacional.

La reacción popular no tardó en multiplicar los grupos guerrilleros (como el Movimiento para la Emancipación del Delta del Níger) dispuestos a asumir prácticas de sabotaje contra instalaciones y el secuestro del personal de compañías petroleras, y en denunciar judicialmente a Shell por complicidad en el asesinato de los activistas, en un proceso con pruebas tan sólidas que terminó con la corporación sentada en el banquillo de los acusados más de una década después, en la misma ciudad de Nueva York.

El juicio se saldó en junio de 2009, cuando la compañía aceptó pagar 15.5 millones de dólares para evitar una sentencia firme en su contra, la que hubiera significado un precedente histórico.

El acuerdo, sin bien beneficioso para los familiares de las víctimas, permitió que la compañía persistiera en sus dichos de inocencia ante la denuncia de complicidad con la dictadura. Uno de los directores ejecutivos de la firma en Nueva York, Malcolm Brinded, argumentó:

"Aunque estábamos preparados para ir a juicio y limpiar nuestro nombre, creemos que la forma correcta de seguir adelante es centrarnos en el futuro del pueblo ogoni, importante para la paz y la estabilidad en la región".

En 2004, después de nuevas denuncias contra la petrolera, que acrecentaron la presión sobre sus inversiones en Nigeria, y de conflictos con los grupos rebeldes que atentaban contra sus instalaciones, Shell tuvo que salir a brindar nuevas explicaciones para justificar sus métodos de explotación. Según dijo el gerente de Desarrollo Comunitario de Shell, Emmanuel Etoni:

"Como parte de una industria que inadvertidamente está contribuyendo con el problema, estamos dispuestos a ayudar".

Y luego admitió:

"Algunas veces alimentamos el conflicto por la forma en que otorgamos contratos, obtenemos acceso a las tierras y lidiamos con representantes de la comunidad".

Esto significó, para algunos, el primer reconocimiento públi-co desde la compañía de su complicidad con décadas de corrup-ción y represión en Nigeria, y, para otros, un recurso retórico más de una corporación acostumbrada a la hipocresía como herramienta de comunicación. A su vez, el director de Shell en Nigeria, Chris Finlayson, agregó:

"Reconocemos que nuestras actividades de desarrollo en el pasado han sido menos que perfectas".

Ya no estaba allí Sani Abacha para proteger las inversiones de la multinacional con mano de hierro. De hecho, la muerte de éste tomó por sorpresa a todos, incluso a él mismo, en mitad de una campaña presidencial que, según los sondeos previos, iba a man-tenerlo en el poder después del retorno de la democracia, respal-dado por un sector de la sociedad beneficiado por su política ex-portadora y por sus contactos de siempre en las oficinas de Shell.

Poco antes del infarto que lo mató en plena fiesta en su resi-dencia, Abacha había reaccionado duramente ante las críticas de algunos funcionarios estadounidenses por las graves violaciones a los derechos humanos de su dictadura, adjudicando dos con-tratos millonarios a las compañías francesas Elf y Total, todavía no fusionadas.

De inmediato, con los reflejos comerciales intactos, el enton-ces presidente Bill Clinton aclaró públicamente que Estados Unidos respetaría el previsible triunfo electoral de Abacha, en la medida en que se presentara como civil y las elecciones fueran imparciales. Un comprensivo Clinton afirmó de golpe:

"Hay muchos jefes militares que tomaron el poder para corregir situaciones caóticas, pero luego se encaminaron hacia la democracia".

El alto funcionario estaba atento a preservar las inversiones estadounidenses (en un país que es el quinto proveedor de pe-tróleo de ese país) ante la siempre riesgosa competencia de los franceses en la nación más grande de África.

Todo queda en familia

La muerte del dictador ha permitido, como casi siempre, comenzar a descorrer el velo de silencio e impunidad que aún mantiene en secreto a la descomunal fortuna familiar. De hecho, uno de sus diez hijos, Abba Abacha, fue encontrado culpable por un tribunal suizo de pertenecer a una organización criminal que desvió fondos públicos en los años noventa, a través de prácticas que iban desde el saqueo directo del Banco Central de Nigeria hasta métodos más sofisticados, como fraudes en los programas de vacunación.

Según el juez de instrucción, Abba y su hermano Mohammed eran piezas fundamentales en el proceso de malversación de fondos, y por ello se los acusó de utilizar identidades falsas y pasaportes para abrir cuentas en más de treinta bancos en Suiza, Luxemburgo, Liechtenstein y Bahamas a partir de 1996, para esconder el dinero mal habido.

Como buen hijo de corrupto, Abba fue detenido en 2004 en Alemania y se le decomisaron trescientos cincuenta millones de dólares de sus cuentas en Bahamas. Como defensa alegó que, en realidad, había actuado a solicitud de su hermano Ibrahim (fallecido en 1996), que era quien llevaba los negocios de su padre, sin sospechar en la ilegalidad del procedimiento. Mohammed ya había pasado una temporada en la prisión de Kirikiri, en Nigeria, de 1999 a 2002, pero no por corrupción sino por asesinato.

La decisión de la justicia suiza incluyó el bloqueo de unos setecientos millones de dólares en 1999, y la orden a seis bancos locales de devolver la suma total de 535 millones en cuotas a Nigeria, a partir de la exigencia del nuevo gobierno de Olusegun Obasanjo, para destinar esos fondos, supuestamente, a programas de sanidad y educación.

Olivier Longchamp, de la ONG Declaración de Berna, apunta al respecto:

"El proceso fue muy criticado, ya que no se sabe lo que pasó con una gran parte de los fondos para el desarrollo y no hubo ninguna supervisión".

Esta acotación serviría para confirmar que el sistema de corrupción nigeriano puede cambiar nombres cada tanto, pero nunca pierde vigencia.

El acuerdo, sin precedentes en el mundo financiero, establece además que las autoridades gubernamentales no emprenderán nuevas acciones legales contra la familia Abacha, que a su vez recibirá cien millones de dólares, fortuna que el clan tenía como patrimonio antes de la llegada del líder familiar al poder y que, según se habría confirmado, no deriva de actos criminales.

¿Cuáles son las últimas noticias ligadas al clan Abacha?

Desde hace un par de años gira por las casillas de correo electrónico de miles de lectores en todo el mundo una extraña propuesta financiera, firmada por la mismísima viuda del ex presidente, Marian Sani Abacha, quien llama a los incautos a intervenir en un complejo negocio por el cobro pendiente de una supuesta concesión a empresas rusas para la explotación de una gran acería nigeriana.

La propuesta, una estafa rudimentaria, pretende involucrar a los desprevenidos en una transacción fantasiosa detrás de la cual resulta imposible saber con certeza si se oculta de verdad una parte del clan del dictador, o bien si se trata de un grupo de oportunistas con métodos novedosos.

Sin embargo, si en un mail recibido en la bandeja de entrada surgen palabras como estafa, corrupción y Nigeria, nadie puede sorprenderse: el apellido Abacha no demorará demasiado en salir a escena.

Capítulo 2
GABÓN
LOS AMIGOS FRANCESES
DE OMAR BONGO

*"Gabón sin Francia es como un coche sin conductor,
pero Francia sin Gabón es un coche sin gasolina."*

Omar Bongo

Todo un enigma: ¿cómo logró un modesto cartero de Brazzaville, de contextura física pequeña y sin contacto alguno con el mundillo político gabonés, convertirse en una determinante figura política africana y mantenerse en el poder durante más de cuarenta años?

Eso es lo que, indefectiblemente, se preguntan quienes se atreven a recorrer la vida de Omar Bongo, el ex dictador de Gabón. La respuesta no es sencilla porque depende, en todo caso, de la perspectiva de quien intente resolver el enigma.

Para algunos, su poder era consecuencia de sus dotes de diplomático avezado, de su carisma de caudillo paternalista y de su habilidad como hombre de negocios.

Para los demás, la razón que cimentó el imperio Bongo durante cuatro décadas debe ser hallada en un simple neologismo: la *Francáfrica*, término que sintetiza su extraordinaria relación como socio, beneficiario y benefactor de todos y cada uno de los mandatarios que pasaron por el Elíseo desde 1967 hasta su muerte, el 8 de junio de 2009. Esa palabra es también la clave de su función como alfil irreemplazable de la neocolonial política económica gala ejercida a través de los negocios turbios, fraudes y corrupción a gran escala llevada a cabo por las corporaciones francesas en África. Francáfrica sería también la palabra mágica que posibilitaría el enriquecimiento inédito del otrora cartero en virtud de los grandes favores concedidos y recibidos.

En síntesis, para explicar el dominio de Omar Bongo en su país es necesario señalar su rol integral como mano derecha de la política francesa en el continente negro. A partir de esa función se puede comprender a este dirigente que atribuyó su vitalicio ejercicio del poder al mito de su "capacidad procreadora".

"Mis aventuras sexuales son un signo positivo de vigor y forma física", sostuvo en 2001, sin detenerse a confirmar los rumores de sus tres decenas de hijos, la mayoría de los cuales nunca fueron reconocidos. Bongo fue capaz de convertirse al Islam sólo para sacar provecho de una ventajosa situación geopolítica en 1973 (cuando, en plena crisis del crudo, varios estados musulmanes se ofrecieron a subvencionar la explotación petrolífera en sus dominios), y se volvió un aliado insustituible para sus socios parisinos en cada negocio encarado sobre las riquezas naturales de Gabón. A tal extremo fue un fiel colaborador que horas después de su muerte, a los 73 años de edad, en una clínica de Barcelona, tanto el presidente Nicolás Sarkozy como su predecesor en el cargo, Jacques Chirac, no dejaron de expresar su admiración por un hombre al que definieron como "un sabio".

Claro que el homenaje póstumo de los principales políticos galos aún oculta, ya no tan solapadamente como antes, un complejo entramado de pactos financieros, raíz de una dinámica corrupta que atraviesa al gobierno de un pequeño país africano y que alcanza al Estado francés, el único garante real de los cuarenta y dos años de plácido dominio de Bongo en un país arrasado por el saqueo y la corrupción.

Tierra de oportunidades

Ubicada en el estratégico enclave petrolífero del Golfo de Guinea, al oeste de África central, la República Gabonesa es una de las naciones más ricas de la región; el sexto exportador de petróleo del África Subsahariana, con 12.5 millones de toneladas al año, y un importante productor de manganeso, uranio, cobre, hierro y madera de ocume. Su renta *per cápita* alcanza los tres mil dólares, pero es al mismo tiempo uno de los países más pobres del mundo: carece de cobertura sanitaria; cuenta con un índice de alfabetización de sólo el 58%; su expectativa de vida no supera los 48 años; su índice de mortalidad infantil es altísimo: 53.8 por mil.

Llamado muchas veces "emirato" de forma despectiva, Gabón recibe de Francia el 80% del monto de sus exportaciones; tiene 1.3 millones de habitantes, el 63% de los cuales vive en la pobreza como consecuencia de varias décadas de sucesivos planes de ajuste estructural, ordenados desde las oficinas del Fondo Monetario Internacional y el Banco Mundial a partir de un modelo conocido y expandido en casi todo el planeta: privatizaciones, reducción de presupuestos sociales, liberalización de la economía, apertura de los mercados, etc.

De modo que la mitad del presupuesto del Estado gabonés se dedica al pago de una deuda externa originada de un modo ilegítimo, ya que desde 1960 (fecha en la cual el general Charles de Gaulle le otorgó su independencia y dio comienzo oficial la Francáfrica), el Banco Mundial transfirió al nuevo estado independiente todas las deudas contraídas anteriormente por Francia, vulnerando sin oposición todos los tratados internacionales.

En cuanto a Omar Bongo, nació en 1935 en una humilde familia de agricultores de la tribu bateke. Ex suboficial de la armada de aviación especializada en Inteligencia hasta marzo de 1967, la figura de Omar Bongo permanecería un tiempo en las sombras de la política gabonesa. Había llegado a ocupar el puesto de vicepresidente de León M'Ba (el primer mandatario independiente de Gabón), luego de retirarse con el grado de capitán de la Fuerza Aérea, principalmente por su capacidad para estrechar lazos con los delegados de la saliente Francia colonial, en particular con Jacques Foccart, apodado *Monsieur Afrique* por su rol clave en el proceso de descolonización como consejero presidencial.

La muerte de M'Ba el 28 de noviembre de 1967 lo catapultó, en un viaje sin escalas, de las oficinas del consulado francés en Libreville a la presidencia de la nación.

Asesorado por sus amigos franceses, Bongo impuso el régimen de un partido único, el Partido Democrático Gabonés;

prohibió toda oposición; escenificó cada tanto (en los años 1973, 1980 y 1986) elecciones que lo presentaron como único candidato y lo reafirmaron en el cargo sin sobresaltos.

Con los años de gestión, su figura adquirió la categoría de "intocable" para sus socios franceses, que silenciaron cualquier expresión crítica contra la dictadura en Gabón. De ese modo, las conclusiones de los organismos internacionales, como el Centro de Investigaciones de Relaciones Internacionales y de Desarrollo, puntualizaron durante décadas que se trataba de "uno de los gobiernos más estables del África Subsahariana", y señalaron que Bongo:

"...estableció de hecho una autocracia de contornos benévolos, por comparación con otros regímenes de la región esencialmente represivos".

Llegada la década del noventa y otra vez tutelado por sus amigos galos, quienes le recomendaron cuidar las apariencias, Bongo escenificó una moderna apertura democrática y flexibilizó las condiciones políticas en su país. Permitió así la presentación de partidos opositores, pero desplegó una astuta y efectiva maniobra para cooptar a la disidencia a través de cargos públicos importantes y jugosas retribuciones salariales, con el solo objetivo de mantenerla bajo su control.

Hombre discreto, negociador en las sombras, hábil jugador de un ajedrez que le permitió mantenerse en el poder durante más de cuatro décadas, Bongo fue acumulando fortuna sobre la base de su relevante papel en el mapa de las inversiones francesas. Él lo sabía, y los franceses también. Su silencio y su complicidad tenían un precio.

Cuentas en rojo

Para Francia, el negocio no podía ser más rentable. A cambio de desembarazarse de la incómoda y políticamente incorrecta política colonial en África, mantenía el control sobre los recursos naturales en el continente negro a partir de sus corporaciones, recurría a sus disciplinadas ex colonias en caso de necesitarlas en cada votación en Naciones Unidas y, a través de la imposición de dictaduras firmes y confiables, lograba quitarse de encima los proyectos revolucionarios de peligrosos líderes independentistas para así mantener un enclave militar estratégico en la región.

Gabón es, hasta hoy, sede de una de las cuatro bases militares francesas permanentes en África, y fue utilizada históricamente por el Elíseo como eje para sus actividades de espionaje en el oeste africano.

Desde entonces, y siempre instigado por quienes lo habían depositado en el poder, Bongo confirmó una y otra vez sus alianzas con Francia y Estados Unidos, cimentó su poder como negociador internacional a partir de un anticomunismo extremo y transformó a su país en una base logística desde donde instigó la sangrienta secesión de Biafra en 1968; procedió al envío de mercenarios (liderados por el militar francés Bob Denard) para invadir sin éxito a la comunista Benin una década después; prodigó ayuda —disimulada tras una "mediación de conflictos"— para el intento de derrocar al presidente electo de la República del Congo, Pascal Lissouba, en beneficio de su suegro (el de Omar Bongo) y hombre de la petrolera Elf, Denis Sassou-Nguesso, durante la guerra civil de 1997.

Para los franceses, el costo de todo ello valía la pena. Ampliar la voluminosa cuenta bancaria de tal aliado era sólo el primer paso; también había que defenderlo de las tibias críticas internacionales por la falta de libertades y la flagrante violación de los derechos humanos en Gabón, y protegerlo ante cualquier situación crítica interna, como sucedió en 1990, cuando paracaidistas enviados por François Miterrand reprimieron una rebelión de trabajadores industriales que amenazaba con paralizar la economía nacional y generar un polo político opositor. O como en 1998, cuando observadores franceses validaron sin presentar objeciones el escandaloso fraude y la compra de votos en las elecciones que le permitieron a Bongo permanecer en su puesto otro periodo, pese a los enérgicos reclamos de la oposición.

En cuanto a la fortuna, las variables se fueron modificando a medida que la justicia comenzó a hurgar en el patrimonio de la familia Bongo, oculto hasta hoy en unas setenta cuentas bancarias dispersas por el mundo, entre ellas una en el Citibank de Nueva York, de ciento cuarenta millones de euros.

Por otro lado, las autoridades francesas estiman en ciento noventa millones de euros el costo de las 39 propiedades inmobiliarias de Bongo en Francia, incluidos un palacete en un elegante barrio de París, valuado en diecinueve millones de euros, y media docena de apartamentos en la turística Costa Azul. A ello habría que añadir una flota de nueve autos de lujo con un costo estimado en más de un millón de euros, y que incluye varios Ferrari de época, modelos clásicos de Mercedes Benz y Maserati, y hasta un exclusivo Maybach de trescientos cincuenta mil euros que le regaló a su esposa Edith.

Entre los datos confirmados judicialmente, se menciona el desembolso de nueve millones de euros realizado por Bongo en 2003 a un intermediario norteamericano, el lobbista republicano Jack Abramoff (quien en 1996 se declaró culpable de fraude, evasión impositiva y conspiración para sobornar a funcionarios públicos), para conseguir una cita con George W. Bush en la Casa Blanca, la que en efecto se llevó a cabo en mayo de 2004.

Apenas se destapó el caso Abramoff, la Casa Blanca aclaró que la reunión sólo fue de rutina y que el presidente Bongo se limitó a explicarle a Bush que las acusaciones contra su régimen por abusos y violaciones a los derechos humanos eran injustas.

La inversión en tal encuentro rindió sus frutos: Estados Unidos nunca aplicó sanción alguna contra Gabón y Omar Bongo gozó de la simpatía no sólo de Bush, sino también de Barack Obama quien, al saber del deceso del líder africano y pese a la existencia de varias denuncias penales en los tribunales europeos, no dudó en afirmar:

"El presidente Bongo enfatizó continuamente la importancia de buscar el compromiso y alcanzar la paz, e hizo de la protección de los tesoros naturales de Gabón una prioridad".

Lo que no aclaró Obama es si tal papel de Bongo como protector de los recursos naturales benefició en algún grado a los gaboneses, o si más bien garantizó una política sistemática de saqueo por parte de las compañías francesas y estadounidenses.

El país de Elf-Aquitania

En un país con escasez de escuelas primarias y secundarias, el lujo y la opulencia de las oficinas de la corporación petrolera Elf-Aquitania (hoy rebautizada como TotalFinaElf, luego de su privatización y la consiguiente fusión corporativa en 2000) contrastan con la pobreza en las calles de Libreville.

Creada en 1965 por Charles de Gaulle, con noventa mil empleados y ochocientas filiales dispersas en un centenar de países, TotalFinaElf es hoy la cuarta empresa petrolera a nivel mundial, con reservas de crudo que se estiman en diez mil millones de barriles y que permiten extraer hasta 2.1 millones por día. Hace un par de décadas, Elf ya era una poderosa empresa propiedad del Estado francés, y su junta directiva era nombrada por el mismísimo presidente de la república.

Interesado en impulsar la inversión extranjera, Bongo le otorgó desde siempre un trato preferencial a las empresas francesas. Y fue a partir de los beneficios otorgados (en detrimento de otras corporaciones como la estadounidense Exxon Mobil o la británica British Petrolium) que la compañía de origen franco-belga edificó, desde su llegada en 1980, un imperio basado en la exploración y la extracción de petróleo, hasta darse el lujo de montar un verdadero Estado paralelo.

De hecho, más allá de su papel como empresa petrolera, Elf ocupó en poco tiempo un rol mucho más activo en la vida política cotidiana de Gabón, ligándose a los servicios secretos y financiando el trabajo de agentes que integraban el departamento de seguridad de la empresa y se transformaban en mercenarios a sueldo.

El escándalo Elf se desató en 1994, en un proceso que demoró ocho años en arrojar luz sobre el desvío de fondos entre 1989 y 1993, organizado desde las oficinas de la gerencia y que ascendía a los ciento noventa millones de euros a través de empresas *off shore* y de cuentas bancarias en Suiza, Mónaco y Liechtenstein.

Pero el entramado de corrupción, que incluía comisiones ilegales de unos ciento treinta millones de dólares al año (sobornos), malversación de fondos y un lucro desmesurado a nivel gerencial, sobrepasaba las oficinas de Elf. Alcanzaba además a varios jefes de Estado en África y a reconocidos empresarios y funcionarios franceses, entre ellos a Jean-Christophe Miterrand, el hijo mayor del ex mandatario galo, amigo de Bongo, involucrado en casos de lavado de dinero y tráfico de armas, y miembro del consejo de administración de una compañía minera en Gabón en 1985, pese a su condición de funcionario público.

Omar Bongo estaba, claro está, en el vórtice del huracán por el escándalo Elf, pero el corto brazo de la justicia no lo alcanzó. Según los datos revelados, el presidente de Gabón cobraba bonificaciones de entre uno y 1.5 millones de dólares o beneficios de abonos accionarios (de 40 centavos a un dólar por barril de bruto).

En otra de las investigaciones, el juez instructor afirmó que de treinta a cincuenta millones de dólares eran ingresados en una cuenta bancaria secreta a nombre de Bongo y de André Tarallo, hombre clave de Elf y amigo del presidente gabonés, a cambio de licencias para explotar los yacimientos de petróleo.

En un informe sobre lavado de dinero en Estados Unidos, especialistas en el caso calculaban en cien millones de dólares las sumas desviadas cada año por el presidente Bongo y su entorno.

Pero otros datos confirman el nivel de vínculo entre Bongo y Elf: la compañía francesa era la que financiaba a la guardia de seguridad presidencial en Gabón, compuesta por mercenarios franceses y portugueses.

Si bien el papel de Elf en África nunca fue desentrañado totalmente por la justicia, ya que el alcance de las condenas se limitó a sus dirigentes corporativos y no a la compañía en general, se confirmó su accionar como financiadora de las guerras civiles en Angola y Nigeria, y su decisiva intromisión en la vida política de Camerún (donde impuso a Paul Biya como presidente),

Congo (abasteció con armamentos a ambos bandos en la guerra civil de 1997) y Guinea Ecuatorial.

El escándalo Elf se transformó en el caso más importante de corrupción desde el fin de la Segunda Guerra Mundial, pero los tribunales franceses limitaron las investigaciones a los empleados de esa empresa que se habían enriquecido, silenciando cualquier detalle que se ligara a los sobornos pagados en África.

"Sé lo suficiente como para eliminar a toda la clase política francesa", amenazó Alfred Sirven, el ex número dos de Elf, antes de recibir una leve condena de cuatro años de prisión y una multa de apenas 259 146 dólares. Y si Sirven sabía tanto como para provocar un terremoto en el Elíseo, cuán profundo podía llegar el entramado corrupto si hablaba Roland Dumas, ex ministro de Relaciones Exteriores de Miterrand, también involucrado en el escándalo.

En el país de Elf había pasado la tormenta. Hubo algunos gerentes multados y sancionados con penas mínimas; múltiples investigaciones encaradas por la prensa francesa; algunos amigos escondidos a la sombra por algún tiempo; pero, en definitiva, ni los intereses corporativos ni el dinero de Bongo sufrieron contratiempos. De modo que, después del cimbronazo, cada uno volvió a lo suyo. Elf, al saqueo sistemático del petróleo gabonés. Bongo, al incitante ejercicio cotidiano de ver crecer su fortuna personal.

Aparente fin de la luna de miel

La asunción de Sarkozy como jefe de Estado no parecía anunciar un cambio sustancial en la relación con uno de sus más entrañables aliados. Ni aun su discurso que proponía "un nuevo contrato social entre Europa y África por la paz y por la seguridad" cuando asumió la presidencia de la Unión Europea en 2008, ni su afirmación de que había que buscar "una asociación transparente, responsable y sin complejos" permitían avizorar una revisión de la Francáfrica de toda la vida. A su llegada al Elíseo, Sarkozy afirmó:

"Debemos deshacernos de las tramas de antaño, de los responsables oficiosos que no obedecen a ninguna otra norma que la que ellos mismos dictan".

Pero se trataba apenas de un gesto, que quedó de inmediato invalidado por otro de mayor relevancia: Omar Bongo fue el primer jefe de Estado en visitar al flamante presidente de los franceses, confirmando una relación que parecía ir más allá de lo amistoso.

Pero no obstante, algo comenzaba a quebrarse entre Francia y Bongo.

En 2008 y después de tres intentos frustrados por la presión de las altas esferas políticas de París, se abrió por fin una instrucción judicial contra Bongo y otros dos jefes de Estado africanos (su yerno, Denis Sassou-Nguesso, del Congo, y su amigo, Teodoro Obiang Nguema, de Guinea Ecuatorial) como consecuencia de las demandas presentadas por la organización Transparency International y la ONG Sherpa, por supuesto desvío de fondos públicos, lavado de dinero, abuso de bien social, abuso de confianza y complicidad, en perjuicio del patrimonio de Francia.

La decisión de la justicia coincidió, no muy casualmente, con la confesión del ex presidente francés Valéry Giscard d'Estaing (en ejercicio entre 1974 y 1981), quien sostuvo que Bongo financió la campaña electoral de Jacques Chirac en 1981. "Es algo que se sabe desde hace mucho tiempo, pero es difícil de probar", admitió el ex jefe de Estado.

El mismo Giscard, vale aclararlo, tampoco estaba libre de pecado en relación con África: su intento de reelección se vio afectado seriamente por el escándalo de unos diamantes recibidos por su familia, gentileza del dictador centroafricano Jean-Bédel Bokassa. Fue este mismo quien difundió la trama de los diamantes luego de la invasión francesa que lo derrocó.

Por otra parte, André Vallini, diputado francés del Partido Socialista, confirmó ante la prensa que los aportes de Bongo no eran sorpresa para nadie informado sobre los métodos utilizados en el Elíseo. Específicamente declaró:

"Todos sabemos con precisión que Omar Bongo ha financiado numerosas campañas electorales de la derecha, pero también de la izquierda".

Nadie parecía estar libre de pecado. Muchos años antes, el ex jefe de los servicios secretos, Pierre Marion, había explicado que el método de Bongo para ganar amigos incondicionales en Francia no tenía nada de novedoso:

"Los subsidios de Bongo sirven a todo el mundo durante las elecciones francesas y crean una especie de colonialismo a la inversa".

Otra señal inequívoca del fin de la "luna de miel" con Francia fue la decisión judicial de congelar las cuentas bancarias de Bongo en París (estimadas en cincuenta millones de euros) en febrero de 2009, tras una sentencia que lo declaraba culpable de corrupción y lo obligaba a devolver el pago ilegal que había recibido del empresario francés René Cardona, detenido y liberado a cambio de quinientos ochenta mil dólares. Esos fondos habían sido girados a la cuenta privada del africano en 1996, a raíz de una "diferencia" surgida por un contrato para una empresa de pesca y transporte marítimo. El tribunal francés le exigió a Omar Bongo el pago de 1.4 millones de dólares como resarcimiento.

La respuesta de Bongo por la activación de una vieja causa judicial fue la indignación, esa reacción tan temida por muchos de sus viejos socios galos. "Es mejor no enojarse con Bongo", susurraban todos aquellos que tenían o habían tenido muchos contratos que ocultar de la mirada de la justicia.

Sin titubear, Bongo anunció que se reexaminarían los acuerdos bilaterales, denunció que se estaba orquestando "una vasta campaña de desestabilización contra Gabón" y arremetió contra veinte organizaciones no gubernamentales, sindicadas como las "culpables" de presentar las pruebas necesarias para su procesamiento.

Después, impugnó las encuestas realizadas en Gabón con vistas a las próximas elecciones presidenciales y desalentó cualquier esperanza opositora con una frase que lo mostraba dispuesto a persistir en su tarea eternamente:

"No hay un supuesto heredero. ¿Quién dice que está en juego la sucesión? Voy a ser candidato en 2012 si Dios me da la fuerza".

Pero sus fuerzas se agotaron. Preocupado por su situación judicial y aquejado por una dolencia que después se confirmaría como un avanzado cáncer en su aparato digestivo, Omar Bongo eludió viajar a París e ingresó en una unidad de cuidados intensivos de la clínica Quirón, de Barcelona, España.

Después de varios trascendidos y desmentidas, la familia y el numeroso séquito que lo acompañaba en Barcelona (hospedados en los lujosos hoteles Reina Sofía y Rey Juan Carlos) confirmaron el fallecimiento de su presidente en la mañana del 8 de junio de 2009. Había partido Omar Bongo, y lo había hecho lejos de Francia, la tierra de sus grandes amigos, y aún más lejos de Gabón.

El periodista Antoine Glaser lo despidió diciendo:

"Fue el guardián de medio siglo de secretos de la presencia francesa en África".

El experto en temas africanos, Comi Toulabor, tras afirmar que con frecuencia se podía escuchar a Bongo decir que si él quisiera destruir a la clase política francesa, podría hacerlo sin problemas, agregó:

"Y hasta su muerte, e incluso después, no se ha escuchado a un solo político francés criticarlo".

¿Cuántos secretos se llevó a la tumba Omar Bongo? Ésa fue la gran pregunta que se escuchó por los pasillos del Elíseo una vez confirmado el deceso del caudillo gabonés. Era la primera de tantas otras incógnitas, sintetizadas en una mayor: ¿cuán oportuna resultó su muerte, en tiempos en que la persecución judicial le exigía comenzar a armar una defensa que podía, llegado el caso, devolver al escenario político francés décadas de oscuras maniobras de fraude, corrupción y asesinatos ocurridos en las cloacas de la Francáfrica?

De tal palo, tal astilla

Pero la tarea de la justicia no se detuvo con el deceso de Bongo. En 2010, a partir de la difusión de documentos diplomáticos realizados por el sitio Wikileaks, se denunció un desfalco de unos treinta y seis millones de dólares del Banco de Estados de África Central (BEAC), donde depositan conjuntamente sus reservas Gabón, Camerún, Congo, República Centroafricana, Chad y Guinea Ecuatorial, y que acabaron en manos de funcionarios vinculados a Bongo y a su familia.

La denuncia señala específicamente al gobernador del BEAC, el gabonés Philip Andzembe, por haber colocado de modo irregular quinientos millones de euros en una inversión de alto riesgo del banco francés Societé Génerale. Una auditoría contable posterior destapó el complejo plan para el desvío de fondos y confirmó la malversación a través de cheques remitidos a funcionarios de Gabón:

"El presidente Bongo controlaba no sólo al gobernador del BEAC, sino también a los responsables de contabilidad en Yaundé y París, y al de las transferencias internacionales".

Según un despacho confidencial enviado por la embajadora de Estados Unidos en Camerún (donde se encuentra la sede del BEAC), Janet Garvey, a la Secretaría de Estado en Washington, los dirigentes gaboneses habrían utilizado parte de esos fondos desviados para financiar la campaña de partidos políticos franceses, entre ellos la del presidente Sarkozy. No obstante, la cuidadosa Garvey concluye en su informe:

"Esta Embajada no está en condiciones de comprobar la veracidad de la acusación de que políticos franceses se beneficiaron de la malversación de fondos".

La muerte del caudillo dejaba a Gabón a un paso de una crisis peligrosa para los intereses galos. Era necesario aguzar el ingenio. "Pero ¿para qué experimentar si tenemos a mano un candidato ideal para suceder a Omar Bongo?", habrán reflexionado los especialistas franceses, acostumbrados ya a determinar la vida política interna de ese país africano. El candidato ideal, como no podía ser de otra manera, era el hijo de Omar Bongo: Ali Ben, ministro de Defensa en el gabinete de su padre.

Así que en septiembre de 2009, tres meses después de la muerte del dictador, la Francáfrica puso en marcha nuevamente sus delicados artefactos de manipulación electoral.

Una dotación de "observadores" certificó la autenticidad de la victoria de Ali Bongo con el 41.7% de los votos.

"La elección sucedió en condiciones aceptables", admitió el secretario de Estado de Cooperación de Francia, Alain Joyandet, pese a las insistentes denuncias de fraude y la violenta represión del ejército contra las protestas callejeras desatadas luego de confirmado el resultado. Hubo saqueos en Puerto Gentil, en el corazón de la zona productora de petróleo; ataques contra el consulado de Francia, al que prendieron fuego; pedradas contra instalaciones de la TotalFinaElf...

Poco tiempo después, el parlamento de Gabón aprobó una ambigua enmienda constitucional que permitirá al jefe de Estado prolongar su mandato en caso de "un acto de Dios, un desastre natural, una declaración de guerra" u otro acontecimiento que hiciese necesario retrasar las elecciones.

La enmienda, criticada por la oposición porque "abre las puertas a una dictadura", fue aprobada por 177 votos a favor (apenas 16 fueron en contra). Todo parece indicar que Ali Ben Bongo aprendió, como un alumno aplicado, las lecciones que le dejó su padre de impunidad y destreza diplomática para perpetuarse en su cargo. Y si no las recuerda del todo bien, siempre tendrá muy cerca a algún amigo francés, listo para asesorarlo con una versión modernizada de la inoxidable Francáfrica.

Capítulo 3
Filipinas
Ferdinand Marcos
y los zapatos de Imelda

"Mi marido me decía que él sabía cómo ganar dinero y yo cómo gastarlo, porque adquiría cosas bellas, que son cosas eternas."

Imelda Marcos

Esta galería de personajes no estaría completa sin una singular pareja, y a ella dedicaremos al menos unos someros renglones.

No resulta nada sencillo elegir una instantánea que permita sintetizar el régimen de Ferdinand Marcos, y no precisamente por la escasez de anécdotas que condensen dos décadas de impunidad, lujo y ostentación.

Quizá la imagen más famosa del matrimonio Marcos haya sido la difundida luego de su huida en helicóptero del Palacio de Malacañag rumbo a un suntuoso exilio en Hawai, garantizado por su amigo de siempre, Ronald Reagan.

Según los registros aduaneros de Estados Unidos, el mandatario filipino ingresó a Honolulu con un equipaje que incluía documentación comprometedora, joyas, nueve millones de dólares en efectivo y veinticuatro lingotes de oro. Una revuelta popular se había encargado de expulsar de Filipinas al matrimonio Marcos el 25 de febrero de 1986, hastiados de la "dictadura conyugal" más famosa del mundo, que había ignorado cualquier límite a la hora de acumular riquezas, reprimir a la oposición y tejer negocios vinculados con la corrupción en contratos estatales.

En su última aparición pública, el matrimonio Marcos se asomó al balcón de la residencia presidencial para saludar y cantarles una canción de amor a los pocos adeptos que aún rodeaban el lugar, reunidos para evitar un linchamiento que se preveía inevitable. Cuando los manifestantes derribaron las puertas del Palacio de Malacañag, nadie pudo salir de su asombro. Ante sus ojos había una colección de obras de arte que incluía pinturas originales de Picasso, Miguel Ángel, Gauguin y Botticelli; 888 pulseras; quince abrigos de piel; 65 paraguas. Pero eso no era todo: uno de los armarios gigantescos de la residencia ocultaba un tesoro extravagante: dos mil setecientos pares de zapatos.

Tiempo después, la propietaria de aquella colección singular, ex primera dama de Filipinas y hasta entonces una de las mujeres más ricas del planeta, Imelda Marcos, afirmó:

"Aquello fue mi mejor defensa y es un motivo de orgullo. Abrieron el armario buscando esqueletos y sólo encontraron zapatos, y muy bellos, por cierto".

Para ella, la única explicación posible era admitir que, en realidad, nunca le habían gustado demasiado los zapatos, sino que los coleccionaba porque "tenía que apoyar la industria filipina del calzado".

La imagen de la colección de zapatos recorrió el mundo como un símbolo inequívoco del poder desmedido y la ambición obscena de los Marcos.

Pero debajo de la frivolidad y la ostentación de Ferdinand e Imelda se encubría la historia de un imperio criminal y corrupto, que en veintiún años (del 30 de diciembre de 1965 al 25 de febrero de 1986) destruyó la economía del archipiélago y saqueó sus riquezas, amparado desde siempre por el rol clave que ocupaba en la geoestrategia de Estados Unidos para la región durante la Guerra Fría.

Filipinas, un país insular en el sudeste de Asia, donde se amontonan ochenta millones de habitantes dispersos en 7 017 islas montañosas, de las cuales apenas 806 están habitadas, fue el escenario de ese romance inverosímil.

Su desenlace significó para el país un endeudamiento crónico, la depredación de sus recursos naturales y el afianzamiento de una clase privilegiada, integrada por las grandes familias, que no se ruborizó a la hora de almacenar fortunas en cuentas en el exterior.

Un cuento de hadas

Se conocieron en abril de 1954, y a los once días se casaron. Ferdinand Marcos, natural de Ilocos e hijo de una familia de docentes de vieja alcurnia venida a menos, había tenido que dejar la carrera de Derecho en la Universidad de Manila después de ser arrestado, acusado de estar implicado en el asesinato de un rival político de su suegro en 1933. Seis años después había conseguido salir en libertad, justo antes de la invasión japonesa a Filipinas.

Con el fervor nacionalista a flor de piel, Marcos se enlistó como oficial de las Fuerzas Armadas y relató desde siempre una ficticia historia heroica de su papel como líder de una unidad guerrillera de resistencia contra el invasor nipón. Gran parte del desmedido culto a la personalidad en que sostuvo durante años su gestión de gobierno se basó en esa construcción histórica, tiempo después desmentida por historiadores bélicos y tildada de falsa y ridícula.

No menos de ochocientas biografías se escribieron sobre su epopeya combatiente, que también aparecía en una docena de películas y otras tantas emisiones documentales en la televisión, describiendo al detalle anécdotas incomprobables y hasta inverosímiles del héroe filipino ya devenido en poderoso dictador. Su deseo de posteridad no lo detuvo a la hora de condecorarse a sí mismo: fue el militar que más medallas de valor recibió en la historia, todas ellas entregadas por él mismo en una ceremonia que repetía idéntico discurso cada vez:

"Yo, Ferdinand Marcos, presidente de la República, le concedo a Ferdinand Marcos, héroe de la patria, esta nueva medalla por sus méritos en combate contra la agresión japonesa....".

Pero antes de encaramarse como autócrata, cuando su labor como abogado no le alcanzaba para garantizarse un venturoso porvenir, ya observaba a la distancia un vehículo más apropiado para saciar su sed de renombre y aclamación: la política. Convencido de que sería presidente filipino en poco tiempo, comenzó su derrotero en el Partido Liberal, donde ocupó una banca de senador y otra de diputado, a la espera de la oportunidad de ser candidato a la primera magistratura. Sin embargo, después de haber cedido ese lugar en 1961, su partido se opuso a presentarlo como candidato y la respuesta de Marcos no dejó dudas acerca de su flexible código de lealtad: de inmediato, se cruzó de vereda sin complejos, anunciando su pase al rival Partido Nacionalista, que recibió al carismático abogado de Ilocos, supuesto héroe de la resistencia y muy hábil para las alianzas y los negocios, como el candidato a las presidenciales de 1965.

Pero antes de llegar a las urnas, otra cita marcó para siempre la vida de Marcos. Como dijimos, en abril de 1954 conoció, en el despacho de su primo, a una bella joven de nombre interminable: Imelda Remedios Visitación Romuáldez y Trinidad de López y de Guzmán. Tan sonoro apelativo intentaba impostar un pasado noble, para ocultar una infancia difícil, llena de pobreza y privaciones.

La belleza de Imelda impactó a Ferdinand, pero desde el comienzo la atracción física pasó a un segundo plano; en el primero estaba la especulación del jugador político. Marcos observó en Imelda el perfecto complemento para sus aspiraciones de poder: una mujer joven y hermosa, doce años menor que él, ex campeona de varios concursos de belleza de dudosa autenticidad y cuya pertenencia al clan de los Romuáldez le permitiría ganar algunos votos extra en el populoso sur de Manila, de donde era oriunda la joven Imelda.

Además, era una oportunidad inmejorable para terminar de seducir al pueblo filipino, siempre receptivo a las historias románticas y, más aún, a aquéllas protagonizadas por los inaccesibles dueños del poder.

Once días después de conocerla, en un noviazgo que le alcanzó para prometer tratarla como a una reina y agasajarla de mil maneras (una de ellas, llevándola a pasear en un Plymouth blanco que le habían regalado unos comerciantes chinos por facilitar licencias de importación fraudulentas), Ferdinand se casó con Imelda. Al hombre no le fue impedimento alguno su relación con Carmen Ortega, madre de cuatro de sus hijos. Sólo se limitó a decirle a Imelda:

"Qué más quieres, soy guapo y rico, no tengo vicios menores, no bebo, no fumo, sólo cometo un pecado: la política".

Pero lo que ignoraban Marcos y gran parte del *establishment* filipino era que Imelda no era una joven cualquiera. Su imagen de modelo publicitaria y ganadora de concursos de belleza apenas dejaba traslucir una mujer codiciosa, que había decidido acercarse al mundo de la política en busca de algún candidato rico y poderoso, y que parecía dispuesta a cualquier cosa con tal de escapar de su pasado de privaciones. El matrimonio también fue para ella un salvoconducto, la puerta abierta a un mundo nuevo de riqueza y poder, que luego explotaría con una astucia que habría de sorprender a todos.

Los dos hábiles jugadores, oportunistas y especuladores, esperaron su momento y se exhibieron ante la prensa filipina como la verdadera reencarnación local del matrimonio Kennedy. Nada más atractivo para un pueblo hambriento y excluido que la distracción simpática de un cuento de príncipes y cenicientas modernas.

La mariposa rapaz

Durante la campaña presidencial que catapultaría a Marcos a la presidencia en 1965, Imelda cumplió un papel fundamental. Era un imán para los medios de prensa. La joven esposa del candidato contaba una y otra vez su romántica historia de ascenso social, se mostraba extrovertida y sin complejos ante una sociedad poco habituada a los brillos de la farándula, y de ese modo fue ganando cada vez mayor espacio en la consideración de su marido como asesora en las más diversas cuestiones. En poco tiempo, se ganaría el apodo de "mariposa de acero", que la acompañaría durante toda su vida.

Claro que, detrás de las luces de una campaña fastuosa en la que el candidato prometía sacar de la pobreza a todos los filipinos antes del final de su mandato, se ocultaba el financiamiento de ésta con los fondos de reparación de guerra y con la venta de certificados de nacionalidad filipina falsos, expedidos a inmigrantes chinos. Se trataba sólo del anticipo de lo que sería su gestión como presidente.

En términos ideológicos, Marcos se mostró desde siempre como un anticomunista convencido, inserto en un enclave geográfico vital, y muy predispuesto a responder a las exigencias llegadas desde Washington por parte de sus enviados de la central de inteligencia norteamericana.

Así envió tropas a Vietnam del Sur durante el conflicto en Indochina, vendió armas a los indonesios que peleaban por su independencia de Holanda, se mostró como un disciplinado alumno de las lecciones de ajuste estructural ordenadas desde el FMI (casi la mitad del presupuesto nacional era destinado al pago de la deuda externa) y, cada tanto, aun durante sus primeros años como mandatario democrático, azuzó el peligro del comunismo como excusa ideal para limitar las libertades democráticas en Filipinas y mantener a raya a la oposición.

Desde el primer día, y más allá de la bonanza económica de los primeros años, su gobierno se destacó por malversar fondos públicos de beneficencia y donaciones, y por el pago con cheques falsos a la hora de realizar transacciones fraudulentas con productos alimenticios y con la industria farmacéutica, nuclear y petrolera.

La gimnasia del poder y la impunidad lo llevaron a interiorizarse cada vez más en los intrincados mecanismos del secreto bancario, y con dicho aprendizaje resolvió abrir con Imelda cuentas bancarias para diversificar sus depósitos en Suiza, Australia, Panamá y Hong Kong, con los seudónimos de Ryan y William Saunders, secundados por una interminable lista de confiables testaferros.

En septiembre de 1972, tres años después de obtener su reelección con amplio apoyo popular y sacando provecho de un supuesto atentado comunista contra un funcionario de su gobierno, Marcos decretó la Ley Marcial e impulsó una modificación en la Constitución para eliminar el límite de mandatos presidenciales. Según justificó años después Imelda:

"Mi marido no creía en la democracia ni en las decisiones populares. No todo lo que es popular es bueno ni todo lo bueno es popular".

Fue el comienzo de una dictadura impiadosa que disolvió las cámaras legislativas, censuró a la prensa y desplegó una sistemática represión contra opositores, hasta atiborrar con más de diez mil presos políticos las cárceles filipinas, aplicar la tortura y recurrir al crimen político con absoluta impunidad.

La población en general, sumergida en la pobreza, con una inflación desbordada y luchando contra las carencias cotidianas, padecía a la vez el contraste con una pareja presidencial que no ocultaba la fastuosidad de su vida de lujos y placeres en el Palacio de Malacañag. Ese estilo, de a poco, iría perdiendo la original simpatía para trocarse en una imagen más que antipática para los sectores populares.

El lema para Imelda estaba claro desde el principio:

"Para gobernar tienes que entretener a la gente. Fiesta, béisbol, conciertos. Dicen que soy frívola pero no es verdad; lo que pasa es que sé que hay que entretener a la gente para que no haga cosas malas".

Al mismo tiempo que sus extravagancias (como cambiar de vestido hasta ocho veces por día y hacer de sus salidas de compras un verdadero safari de gastos obscenos) entretenían a un sector de la población, comenzaban a irrumpir en la escena nacional algunos grupos guerrilleros armados, como el Frente Moro de Liberación Nacional y el Nuevo Ejército del Pueblo, que eran utilizados por Marcos como excusa ideal para profundizar su política represiva contra la población.

Sin preocuparse demasiado por la candente situación fuera de las paredes de su palacio, Imelda continuó profundizando su influencia en el gobierno de su marido, aprovechando su imagen pública, tolerando sus infidelidades y sacando rédito de ellas.

No sólo Imelda utilizaba la dictadura de Marcos para encaramarse arbitrariamente como ministra de Urbanismo y Vivienda, embajadora plenipotenciaria alrededor del mundo y gobernadora de Manila; también pudo vincular a su entorno familiar en la maquinaria de poder e impunidad garantizada por la gestión de su marido y la presencia cada vez más influyente de las Fuerzas Armadas en la vida política. Los parientes de la bella primera dama se instalaron en los alrededores de los espacios más atractivos de una economía filipina que propendía a la nacionalización de empresas, en beneficio de un imperio familiar inédito en la región. La hija mayor del matrimonio, Imee, conducía el movimiento juvenil Kabataan Baranga, del Partido de la Nueva Sociedad; Benjamín Romuáldez, hermano de Imelda, era gobernador de la provincia de Leyte y director del diario de mayor tirada del país; su hermano menor, Alfredo, era propietario de casinos, restaurantes y centros de recreación; el primo, Herminio Disini, controlaba la redituable industria tabacalera y representaba a grandes firmas internacionales. Otros amigos y entenados se sumaban al círculo familiar controlando los medios de comunicación, la banca y el comercio exterior, para no perderse un privilegiado lugar en la mesa del lujo y la ostentación de los Marcos.

Cuando un amigo se va

Fueron muchos años de impunidad y negocios turbios. La utilización de capitales y de información privilegiada para participar en cada compra o venta de tierras y empresas, la intervención directa en los negocios de la caña de azúcar, la banana, el coco, la hotelería, la industria farmacéutica y el cemento, generaron la posibilidad no sólo de acrecentar la cuenta bancaria de la "dictadura conyugal" estimada en unos diez mil millones de dólares distribuidos en cuentas bancarias de todo el planeta, sino también la oportunidad de adquirir al menos 29 propiedades en Filipinas y 4 edificios en Nueva York valuados en trescientos cincuenta millones de dólares, más una mansión en Beverly Hills, una casa en Roma y un apartamento en el residencial barrio londinense de Kensington.

Para cuando Marcos proclama el final de la Ley Marcial en 1981 y triunfa en unas elecciones presidenciales signadas por el fraude, ya ha ordenado secretamente el atentado contra su principal adversario político, Benigno Aquino, asesinado por un sicario en el aeropuerto de Manila, apenas regresado del exilio. En esos días, la realidad económica se tornaba insostenible para el pueblo filipino: los sueldos se reducían a la mitad de su valor real comparados con los de 1956 y la proporción de la renta nacional en manos de las diez personas más ricas del país había aumentado de un 27% a un 37%.

La pérdida del respaldo popular, la persistente crisis financiera del país y el crecimiento del Partido Comunista comenzaron a ser observados por los analistas de Estados Unidos como una verdadera amenaza para sus intereses. Entonces se inició una lenta retirada del respaldo norteamericano, hasta entonces incondicional, al gobierno de Marcos.

Ante el gesto de Washington, el presidente filipino reaccionó indignado y hasta dejó entrever la posibilidad de alinearse con la Unión Soviética y China en el complejo ajedrez global de la Guerra Fría. Para su gobierno, ésa fue la sentencia de muerte.

La enfermedad de Marcos, un tipo de lupus que afectaba su sistema linfático, no hizo otra cosa que complicar los planes de gobierno y acrecentar el poder de Imelda en los pasillos del Malacañag. Pero sus extravagancias ya no le parecían divertidas a nadie en el archipiélago, y mucho menos a un sector del ejército que no veía con buenos ojos el creciente protagonismo de la primera dama en un momento de crisis extrema.

Las elecciones de 1986, otra vez amañadas por la corrupción del clan, ratificaron a Marcos como mandatario por sobre Corazón Aquino, la viuda del caudillo opositor asesinado, pero desnudaron como nunca antes las miserias de una dinastía que transitaba sus últimos días. Sin reparar demasiado en el rechazo creciente contra su gestión, Imelda se preparaba para la sucesión presidencial en uno de los países más pobres de Asia.

La corrupción generalizada, el estancamiento económico, las cada vez mayores desigualdades sociales entre la mayoría pobre y una minoría rica, pero principalmente el paso atrás de su principal sostén político (el gobierno de los Estados Unidos) profundizaron la crisis de legitimidad de Marcos y su clan, que en poco tiempo vio cómo una desarticulada oposición se unificaba detrás del movimiento *People Power*.

No resultaba nada complejo percibir allí la mano de la CIA y de la Iglesia católica, antiguos aliados del matrimonio. Ellos estaban detrás de aquella democrática y políticamente correcta "revolución amarilla" que terminaría expulsando a los Marcos del archipiélago e impondría en el sillón presidencial a Corazón Aquino.

Una gran familia

Imelda Marcos recuerda el 3 de noviembre de 1991, el día que regresó a Filipinas desde el exilio, como el más triste de su vida, incluso más duro que aquel en que tuvo que huir de Manila en helicóptero, seis años antes. La diferencia con aquella jornada también gris fue que el retorno la encontró sola. Ferdinand Marcos, aquejado por la enfermedad que lo había debilitado en los estertores de su gestión, había muerto en septiembre de 1989, en Honolulu, sin más preocupaciones que preparar la trama conspirativa con la que soñaba recuperar el poder perdido.

Envalentonada por las expresiones de cariño popular en las calles de Manila, la ex primera dama se presentó como candidata a presidente el 11 de mayo de 1992. Desde la cima de su orgullo afirmó: "Ganemos o perdamos, después de las elecciones nos vamos de compras". Pero el pueblo filipino le dio la espalda y sólo obtuvo el 3% de los votos.

Pese a la derrota, Imelda consiguió un asiento en la Cámara de Representantes, menos por convicción ciudadana que por ampararse en los oportunos fueros parlamentarios y así evitar el creciente acoso de la justicia. Todavía repitió el intento por lograr la presidencia en 1998, y otra vez el resultado la decepcionó. Se ubicó en el noveno puesto entre once candidatos.

Cuando en 2001 concluyó su mandato, comenzó a desandar un largo camino ante los tribunales de justicia de su país, interesados por conocer el alcance de una fortuna hábilmente diversificada en todo el mundo. Así empezaron a llegar las sentencias judiciales en su contra, tras ser acusada de corrupción y extorsión.

En 2003 684 millones de dólares fueron regresados al Estado filipino provenientes de cuentas secretas de la familia, pero no todo el dinero estaba allí.

En 2009 se estableció el reparto de 7.5 millones de dólares, provenientes de la venta de dos propiedades adquiridas ilegalmente por los Marcos en los estados norteamericanos de Texas y Colorado, entre 7 526 víctimas de la dictadura que cumplieron todos los requisitos legales para cobrar el resarcimiento en carácter de indemnización.

Un año más tarde, en una polémica decisión y pese a acumular treinta y dos denuncias judiciales por transferir ilegalmente fondos al extranjero, Imelda fue absuelta del delito de evasión de capitales por falta de pruebas.

Si bien todavía persistían sobre el clan familiar otras 901 denuncias similares (una de ellas, por desfalco, le ordenó devolver doscientos veintiocho mil dólares a la Autoridad Nacional de Alimentos), Imelda festejó esa absolución como un triunfo que le sirvió para defender una vez más la honradez de su difunto marido y como plataforma electoral en 2010, cuando se presentó y ganó una banca en el Congreso a los 81 años.

Por su parte, en las mismas elecciones, su hija Imee, ya de 56 años de edad, se impuso como gobernadora de la provincia de Ilocos Norte, el feudo de los Marcos, y el otro vástago, Ferdinand Jr. "Bong-Bong", consiguió un escaño como senador, un alimento para sus esperanzas de postularse como presidente para 2016.

A la fecha de redacción de estas breves pero inevitables líneas, Imelda Marcos se ocupa del negocio de los accesorios de belleza y de responder a entrevistas periodísticas, ya transformada para las nuevas generaciones en un icono simpático y frívolo de otros tiempos. Incluso el músico David Byrne ha producido un musical para reconstruir su singular historia personal.

De ese modo, Imelda fue perdiendo con los años la impronta incómoda de aquella "mariposa de acero", cómplice del dictador corrupto y déspota, para erigirse en un símbolo grotesco y bizarro de la otra Filipinas, aquella que soñaron construir ella y Ferdinand, apropiándose en realidad y durante dos décadas de la riqueza de millones de pobres y hambrientos compatriotas.

"Todo lo que se ve en el horizonte, en este país, fue levantado por los Marcos", sentencia Imelda, tan propensa a las frases grandilocuentes, que parecen expresar una nostalgia por el poder perdido con el tiempo, como a visitar el mausoleo donde descansa el cuerpo embalsamado de su marido. Y ante la prensa relata:

"Cuando era primera dama iba a las zonas rurales y reñía a los campesinos. ¿Cómo podían tener casas tan feas viviendo en un país que era el paraíso? Ellos me decían: 'Oh, señora, es que somos muy pobres, sólo tenemos bambú y coco'. Y yo, para dar el ejemplo, mandé a construir un palacio de coco y otro de bambú".

Claro que la viuda omite señalar que el palacio en cuestión, ensamblado en un 70% con cocos y construido por los mejores ebanistas del país, costó treinta y siete millones de dólares. Pero para Imelda, ése es un detalle sin importancia.

"Imeldífico" es el término moderno que acuñó la prensa filipina como sinónimo de extravagancia ostentosa. Quizá no exista otra palabra mejor para describir los años de abuso, impunidad y riqueza de los Marcos en un país devastado que, sin embargo, votó en una encuesta reciente a su gobierno como el mejor de los últimos cuarenta años de historia.

La afrenta de Manila

Agreguemos un dato de color a una historia más que negra para millones de filipinos. El 5 de julio de 1966 fue un día inolvidable para los Beatles. La banda británica más famosa de la historia había hecho escala un par de días antes en Manila para continuar con una serie de espectáculos que les había permitido recorrer la mitad del globo. El día previo a su despedida habían tenido que excusarse por no poder aceptar la gentil invitación del matrimonio Marcos a visitarlos en el Palacio de Malacañag, aduciendo complicaciones con una agenda muy cargada entre el recital y la cita con los medios de prensa.

Lo que no sabían los cuatro músicos de Liverpool es que a Imelda Marcos no se la dejaba plantada, y el escándalo no demoró demasiado en recorrer Filipinas. Cuando la noticia ocupó la primera plana de los matutinos, ya fue demasiado tarde para que el legendario manager del grupo, Brian Epstein, intentara calmar los ánimos con los funcionarios del régimen.

La reacción de los Marcos generó que el promotor del concierto anunciara que no estaba dispuesto a pagarle a la banda la cifra estipulada por la actuación en Manila.

Al mismo tiempo, llegaron las amenazas de bomba contra la embajada británica y el hotel donde se hospedaban los músicos. Cuando la banda se dispuso a trasladarse hasta el aeropuerto para partir rumbo a India, la hostilidad general en el ambiente se tornó en violencia. Había unos trescientos filipinos violentos que esperaban a la banda cerca de la pista. Los trámites aduaneros de salida se paralizaron cuando el responsable de Rentas Internas adujo que los británicos sólo podrían dejar Filipinas si pagaban los impuestos que supuestamente habían "olvidado" abonar a su arribo.

Los dieciocho mil dólares que pagó de su bolsillo Epstein no lograron apaciguar el clima enrarecido. En el trayecto hasta el avión (que fueron obligados a transitar a pie), John, Paul, Ringo y George padecieron los insultos, escupitajos y golpes de una multitud ofendida por la afrenta. A decir verdad, el que peor la pasó fue Ringo Starr, quien se demoró un segundo más de lo recomendable en la caminata y recibió un puñetazo en la cara que lo derribó, y ya en el piso se llevó de regalo un par de puntapiés.

Por su parte, Lennon y McCartney, más rápidos de reflejos, optaron por refugiarse de la turba detrás de un grupo de monjas que subían al mismo avión.

Cuarenta minutos después, el avión despegó de Manila con los Beatles magullados, pero enteros. Esa tarde plena de tensión, también los célebres músicos comprendieron que Imelda Marcos no era una primera dama como las demás.

Vengativo, para coronar el escándalo y emulando la fábula de la zorra frente a las uvas, el único hijo varón de los Marcos, "Bong-Bong", declaró ante la prensa: "La verdad, me gustan más los Rolling Stones".

Capítulo 4
EGIPTO
HOSNI MUBARAK
EL ÚLTIMO FARAÓN

> "Pudriste el país cuando abriste el camino a tus amigos empresarios y mira el resultado. En vez de que tu padre sea honrado al final de su vida, mancillaste su imagen."
>
> Alaa Mubarak a su hermano Gamal, horas antes de la renuncia de su padre a la presidencia

Con 82 años encima y, según confesó horas antes de su caída en desgracia, "harto" de ser el presidente de Egipto, Hosni Mubarak transitó la parábola de héroe a villano ante los ojos de su pueblo, y renunció a su cargo el 11 de febrero de 2011, después de más de dos semanas de protestas multitudinarias por todo El Cairo.

La "Revolución de los Jóvenes" o la "Revolución blanca" había comenzado a poblar las calles de descontento desde el 25 de enero de 2011. Los casi treinta años de dominio de Mubarak se hacían patentes en la brutalidad policial, las arbitrarias y antojadizas leyes de emergencia del Estado, la escasa posibilidad de hallar un empleo digno, la inflación, la añosa corrupción con su secuela de pobreza, la falta de libertad. Querían que Mubarak abandonara su sillón, y al fin lo lograron.

En su lujosa residencia en el balneario de Sharm el-Sheikh, a orillas del Mar Rojo, Mubarak se resignó a observar por televisión cómo el poder de su férreo gobierno se desmoronaba como un castillo de naipes, ante la indignación de cientos de miles de egipcios que festejaban la caída del tirano.

En la tensa calma de su impensable exilio, no podía dejar de repetirse, una y otra vez, la misma pregunta: ¿por qué lo habían abandonado? La incógnita no estaba dirigida al pueblo egipcio, que lo odiaba tanto como a sus represivas fuerzas policiales y lo apodaba despectivamente "la vaca que ríe", por su sonrisa impasible y su vigorosa osamenta encerrada en costosos trajes de diseñadores europeos. Tampoco la pregunta estaba relacionada con las elecciones legislativas realizadas dos meses atrás, que por cierto habían confirmado el predominio de su fuerza, el Partido Democrático Nacional, triunfando en primera vuelta ante el principal grupo opositor, la Hermandad Musulmana.

No. Lo que Mubarak no comprendía era por qué había sido librado a su suerte y hasta empujado hacia el abismo en aquellos últimos días de pesadilla por sus aliados de siempre, los Estados Unidos e Israel. Sus socios estratégicos de toda la vida, aquellos con quienes había consolidado un estrecho vínculo que iba más allá de la conveniencia política, lo habían abandonado. Hasta Barack Obama se había encargado, horas antes del epílogo de la dinastía Mubarak, de lanzar un ultimátum y de dejar en suspenso la cuantiosa ayuda económica que cada año se enviaba a El Cairo (unos mil quinientos millones de dólares), cuando la situación de violencia y tensión ya no dejaba espacio alguno para negociar. Obama sentenció:

"Estados Unidos tiene una estrecha alianza con Egipto y hemos cooperado en muchos asuntos, pero también hemos sido claros en que debe haber reformas que respondan a las aspiraciones del pueblo egipcio".

Poco importaba ahora la información que le acercaban sus desesperados asesores, en cuanto al activo rol de varias fundaciones de origen estadounidense como Freedom House y la National Endowment Democracy (ligadas desde su origen al brazo todopoderoso de la CIA) en la organización de la dispersa oposición egipcia.

Nadie conocía mejor que Mubarak el doble juego de siempre de sus ex aliados americanos. Como señalaba con justeza Noam Chomsky, en el caso de la crisis egipcia el gobierno de Estados Unidos no hizo otra cosa que respetar a rajatabla su libreto habitual:

"Apoyar tanto tiempo como se pueda, y cuando la situación se vuelve insostenible —especialmente, si el ejército se cambia de bando–, dar un giro de 180 grados y decir que siempre estuvieron del lado de la gente, borrar el pasado y hacer todas las maniobras necesarias para restaurar el viejo sistema, pero con un nuevo hombre".

Ahora, Mubarak esperaba por sus captores, por los hombres de la policía que se atreverían, semanas después, a trasladar a sus hijos Alaa y Gamal a la temible prisión de Torah, en las afueras de El Cairo, como cómplices de cada uno de los negocios de sus padres, pero también como responsables de otras tantas imputaciones por enriquecimiento ilícito y malversaciones millonarias.

Junto a ellos, una delegación de funcionarios, familiares y amigos del clan se amontonarían en el presidio que, pocos días antes, refugiaba a cientos de miles de presos políticos del régimen depuesto.

A la hora del final, de nada sirvieron tampoco las amenazas sobre conspiraciones urdidas desde las sombras por los rivales de cartón de turno, llámense Al Qaeda o la Hermandad Musulmana, en un país cuyo 85% de la población se reconoce islamista.

Indignado frente a la pantalla de su televisor, Mubarak había seguido los acontecimientos de El Cairo al detalle: era su imperio el que se resquebrajaba, al compás de la multitud de compatriotas festejando en las calles.

Un ángel caído

En un país de ochenta y cuatro millones de habitantes atravesado por la influencia del Ejército –a decir verdad, la única instancia de poder real en Egipto–, no resulta para nada extraño que sus héroes nacionales hayan sido militares casi con exclusividad, incluso por encima de deportistas y artistas. Y durante décadas, el héroe nacional por excelencia se llamó Hosni Mubarak.

El futuro hombre fuerte de Egipto nació en mayo de 1928 en Menufia, una provincia situada en el Delta del Nilo. Desde niño persiguió la carrera militar como su único objetivo de vida, hasta que consiguió graduarse en la Academia Militar, a los 21 años de edad, en 1949. Ese mismo año se incorporó a la Fuerza Aérea para formarse como piloto de combate. Para 1969 ya era jefe del Estado Mayor. En 1973 era condecorado como héroe de guerra por sus misiones durante la guerra de Yom Kippur, contra un enemigo que, con los años, se transformaría en uno de sus aliados principales: Israel.

Como máxima autoridad de la aviación, Mubarak se benefició de la corrupción corporativa en los contratos militares, según se confirmaría muchas décadas más tarde. Recién comenzaba. Ese episodio sería sólo el primer eslabón de una interminable cadena de apropiación ilegal de fondos a partir de su posición de autoridad.

Poco demoró el voluntarioso Mubarak en saltar a la arena política, a partir de su prestigio como combatiente. Y si ascender en el escalafón militar le había exigido varios años de preparación y esfuerzo, pasar del uniforme de piloto de combate al traje de presidente de la república Árabe de Egipto le demandó apenas siete años de acuerdos y, por qué no, un poco de suerte.

En 1974 Mubarak fue nombrado viceministro de Defensa, y para 1975 ya se había posicionado como vicepresidente del Partido Democrático Nacional (PDN), detrás de la figura de Anwar al Sadat, llamado el heredero de Gamal Nasser, quien obtendría el Premio Nobel de la Paz en 1978 por el acuerdo con Israel, firmado en Camp David con Menájem Beguin.

Pero esa firma no fue un gesto gratuito para Al Sadat. Egipto era el primer país árabe en sellar una paz duradera con Israel, lo que fue interpretado en muchos países árabes como una traición, lectura que compartía el grupo islamista que atentó contra su vida en 1981, durante una marcha militar en El Cairo.

El azar le permitió a Hosni Mubarak, ubicado a escasos metros de distancia, no ser alcanzado por las balas que mataron al presidente, y lo depositó por sorpresa en la primera magistratura, siendo todavía un desconocido para la mayoría de la población.

Aferrado al sillón presidencial desde octubre de 1981, Mubarak se preparó para sobrellevar numerosas crisis regionales, críticas opositoras, protestas populares y hasta seis intentos de magnicidio.

Ganó los cuatro referendos en los que se presentó (1987, 1993, 1999 y 2005), más allá de la dudosa validez de esas restringidas convocatorias, ya que en las tres primeras no permitió que se presentara opositor alguno a su cargo. Así se fue imponiendo como la figura más importante de la historia política de su país.

Desde sus primeros pasos como máxima autoridad, Mubarak consolidó las relaciones con Israel (Egipto es uno de los únicos dos países árabes en vincularse económica y políticamente con Tel Aviv), convirtiéndose en un ariete de invalorable importancia geopolítica en la estrategia de Estados Unidos para Medio Oriente.

Al mismo tiempo, transformó las Fuerzas Armadas egipcias en una de las más potentes del planeta, sustentado por el apoyo norteamericano y un presupuesto militar que consume sólo en material militar unos mil quinientos millones de dólares anuales. Claro, Egipto es el segundo país que mayor ayuda económica recibe de Washington, ubicado detrás de Israel.

La idea generalizada de que Mubarak hizo de su país un "Estado militarizado" no es ociosa. El de Egipto es uno de los diez ejércitos más grandes del mundo, con trescientos cuarenta mil efectivos terrestres, 18 500 marinos, treinta mil aviadores y ochenta mil hombres que integran la defensa anti-aérea. Los militares en actividad suman 460 500 y otros 479 mil, en su calidad de reservistas, no abandonan sus tareas de entrenamiento. A ellos podrían sumarse por lo menos 397 mil integrantes de fuerzas de seguridad.

Sin embargo, después de tres décadas de gobierno, la administración de Mubarak jamás pudo resolver un problema clave que terminaría por consumir su gestión: la pobreza.

La contradicción es aún evidente: mientras el 40% de sus habitantes vive con dos dólares o menos por día (según Unicef, uno de cada dos menores vive bajo el umbral de la pobreza), el ingreso *per cápita* es de 2 270 dólares, conforme a lo que estimó el Banco Mundial en 2010.

En los últimos meses de 2010 y los primeros de 2011, la inflación de algunos productos básicos escapó hasta un 25%; el desempleo nunca bajó de los dos dígitos y el analfabetismo alcanza al 30% de la población. Un cóctel demasiado explosivo para controlarlo con la fórmula de siempre: la policía y los militares en las calles disparando contra manifestantes jóvenes, sin demasiado para perder. Una consigna unificó siempre a todos los opositores dispersos: "Cualquier cosa es mejor que Mubarak".

Una lupa sobre la fortuna

El libreto es similar en el ascenso, sostén y caída de estos personajes que sólo ingenuamente pueden ser tomados como ejemplares aislados, más o menos pintorescos y anacrónicos, parte del folklore de pueblos inhábiles por naturaleza para la vida democrática. No hay improvisación en estos escenarios. Los dictadores son en verdad respaldados por una potencia extranjera que se beneficia económica y/o estratégicamente con su complicidad. Como parte del trato de conveniencia mutua, esa potencia hace la vista a un lado sobre sus excesos, pero cuando éstos se vuelven insostenibles o el aliado deja de ser útil, el socio mayor retira su apoyo, e internamente, los que antes callaban por miedo o natural ansia de supervivencia comienzan a hacerse oír. Así, caído el telón de la obra Mubarak, la justicia egipcia, que durante tres décadas permaneció indiferente a las denuncias de corrupción ligadas a la familia presidencial y que sólo procedía cuando contaba con la autorización expresa del primer mandatario, tomó nota del cambio de clima político y respondió de inmediato. Congeló los bienes del clan Mubarak, incluyendo cuentas en el Banco de Escocia y en entidades financieras suizas como UBS y Crédit Suisse, además de propiedades inmobiliarias y acciones financieras.

Casi al mismo tiempo, un grupo de especialistas civiles organizó el llamado Comité Legal para el Reembolso de la Riqueza

Egipcia, conformado *ad hoc* para profundizar la búsqueda de los bienes de la familia dispersos por todo el planeta. Pero a poco tiempo de la caída de Hosni la tarea no resulta nada sencilla: la fortuna de los Mubarak se estima en setenta mil millones de dólares, el equivalente al 37% del Producto Interno Bruto nacional, pero bien distribuida mediante complejas tramas financieras. En ellas sobran las compañías fantasmas y las cuentas ocultas en recónditos paraísos fiscales.

La riqueza del ex mandatario resulta difícil de justificar ante el pueblo egipcio, teniendo en cuenta que el salario oficialmente establecido para su función era de tres mil euros mensuales. El cargo, además, lo inhibía de participar de cualquier negocio privado.

En un discurso grabado y difundido un par de días después de su dimisión, Mubarak negaba enfáticamente tener cuentas bancarias en el exterior del país. "Los egipcios pueden estar seguros de que su antiguo presidente sólo tiene una cuenta en un banco egipcio", afirmó, y criticó a quienes pretendían con esas denuncias manchar su "impecable historial militar y político".

Sin embargo, las agencias de noticias internacionales no demoraron más que horas en confirmar que el dinero del clan podía rastrearse en unas 25 cuentas suizas y también en bienes inmuebles en Manhattan, Los Ángeles (en Beverly Hills y Rodeo Drive, más precisamente), Dubai, Frankfurt, Washington y Londres, como la residencia que posee en el corazón del lujoso barrio de Belgravia, valuada en ochocientos mil euros. Esto más allá de las reconocidas propiedades de lujo de la familia en varias ciudades de Egipto, como Sharm el-Sheikh, Nuevo Cairo, Ismailia y Alejandría, entre otras.

Hasta ahora, bien avanzado 2011, lo poco comprobado tiene que ver con unos cuarenta y dos millones de dólares depositados a nombre de Mubarak en una filial del Banco Nacional de Egipto.

La principal variable a la hora de indagar en la fortuna familiar es su beneficioso papel en la "asociación estratégica" con empresas e inversionistas extranjeros durante las más de tres décadas en el poder. Se trata de la llamada "forma árabe" de hacer negocios: la mayoría de los países de la región exige a sus socios extranjeros una participación de hasta el 51% en el paquete accionario. Aunque en el caso egipcio la porción exigida no superaba el 21%, la rentabilidad de tamaña participación, sin riesgo ni inversión de ningún tipo, se transformaba en una ganancia demasiado tentadora para que el clan no clavara sus garras en todos los contratos ligados a la explotación de los recursos naturales de su país.

Para observar el funcionamiento de la maquinaria corrupta de los Mubarak basta un ejemplo mínimo: el del negocio de la venta de tierras.

Al respecto aseveró Mamdouh Hamzah, profesor de la Universidad del Canal de Suez:

"El régimen autoritario de Mubarak apoyó a una clase de especuladores de tierras y los presentó como si fueran verdaderos empresarios con proyectos reales".

El mecanismo consistía en vender las tierras a precios irrisorios, para después de un tiempo inflar los valores de éstas y revenderlas con el objetivo de acrecentar las ganancias. Según la Organización Central de Auditoría, Egipto podría recuperar doce mil setecientos millones de dólares de tierras públicas vendidas como zonas de cultivo baratas y luego ofrecidas como lugares residenciales.

En el negocio se vieron beneficiados una decena de funcionarios cercanos al clan, todos miembros del gobernante Partido Nacional Democrático. "El fin de la corrupción estatal en los bienes raíces acaba de comenzar", afirmó con optimismo Sameh El Alaily, decano de la Universidad de El Cairo, uno de los especialistas que sugirió la cancelación de un contrato que concedía 93 hectáreas de terrenos públicos en el noroeste de El Cairo a la empresa Palm Hill Developments, la segunda inmobiliaria más importante del país.

El ministro de Vivienda, Ahmed Al Maghrabi, fue quien había firmado la concesión en beneficio de una empresa de la cual es accionista, y que luego afrontó otras denuncias por irregularidades, como la de haber vendido tierras egipcias a cincuenta dólares el metro cuadrado (cuando el precio real era de ochocientos cincuenta dólares) a un magnate saudita.

Las manzanas y el árbol

Un viejo dicho sostiene que las manzanas no suelen caer muy lejos del tronco del árbol, como símbolo de que los hijos no suelen diferenciarse mucho de sus padres. Y a menudo, el saber popular se ve ratificado en los hechos.

Pocas semanas después de la caída en desgracia de su padre, los dos hijos del dictador, Alaa y Gamal, sabían que no podrían contener la avanzada judicial contra ellos. Llamados a declarar por la fiscalía por su presunta participación en el delito de malversación de fondos y por haber incitado a la represión contra los manifestantes durante la sublevación popular de enero de 2011, los hermanos tuvieron que rendir cuentas ante los tribunales, y también enfrentarse a las grescas internas generadas por sus propios abusos de poder.

La prensa egipcia dedicó varios días a difundir la pelea entre los hermanos, ocurrida en una de las celdas de Torah, que se inició cuando el mayor de los Mubarak, Alaa, recriminó entre lágrimas a Gamal porque su desmedida ambición había colaborado para erosionar el respaldo popular de su padre.

Gamal era el llamado a suceder a su padre, y todo parecía transitar por los caminos indicados para depositarlo, después del trámite electoral de septiembre de 2011, en el sillón presidencial. Detrás de su moderna y exitosa imagen de empresario de carrera en el mundo de las finanzas, a partir de su trabajo en el Banco de América en Londres de 1988 a 1994, con él emergía un nuevo protagonista de los años venideros de la política egipcia.

Estudiante de la elitista Universidad Americana de El Cairo, a su regreso a Egipto Gamal optó por asociarse con EFG-Hermes, el banco de inversiones más grande del país con ochocientos millones de dólares en activos en su balance 2010, para así pasar a controlar una parte significativa de casi todos los sectores de la economía, desde el petróleo y la agricultura hasta el acero y el turismo.

EFG-Hermes ocupó un lugar crucial durante el plan de privatizaciones a través del cual el Estado vendió las empresas públicas a corporaciones extranjeras. Pero el gran negocio encarado por Gamal fue el del gas, principal recurso energético de Egipto. A partir de su intervención, la familia recibió cientos de millones de dólares en comisiones por la venta del fluido a precio reducido a clientes como Israel, país que recibe de Egipto el 40% del gas que consume.

Según documentos revelados después de la caída del régimen, en diciembre de 2010, cuatro compañías israelíes firmaron contratos por veinte años a un valor de diez mil millones de dólares, lo que significaba un precio 70% menor al de mercado por el volumen comprometido, un "acuerdo" que al pueblo egipcio le ha costado unos trescientos sesenta millones de euros de pérdida en los últimos cinco años.

Abocado de lleno a mostrarse presidenciable, con un equipo de asesores vinculado al mundo de las finanzas y absolutamente ajeno al poder militar que ha dominado la escena política desde siempre, la figura de Gamal generaba resistencias entre algunos sectores vinculados a las Fuerzas Armadas. Detrás de las rejas de Torah, hoy es otro espectador del derrumbe del imperio Mubarak.

Con un perfil mucho más bajo y ajeno a las pujas políticas, Alaa también se vio favorecido durante el espectáculo de las privatizaciones del gobierno a partir de sus acciones en el sector inmobiliario. Además se lo ha relacionado con el tráfico internacional de armas y el contrabando de obras de arte.

"Es un ladrón", definió lacónico el ex ministro de Vivienda de su padre, Ahmed el-Maghrabi, ante el fiscal que lleva adelante una causa por corrupción vinculada con el mayor de los hermanos.

Junto con ellos, el patio del penal de Torah es el escenario de asambleas espontáneas entre muchos de los ex hombres clave del régimen, todos vestidos ahora con el humillante uniforme blanco de los presos egipcios. Allí esperan su turno para comparecer ante la justicia, sospechados de corrupción, lavado de dinero y enriquecimiento ilícito, el ex primer ministro, Ahmed Nazif, y el ex ministro del Interior, Habib el Adly, señalado además como el organizador de la represión contra los manifestantes en El Cairo. Además, las cuentas bancarias de éste fueron congeladas luego de que se notificara que un contratista privado había transferido setecientos cincuenta mil dólares a su caja personal. También está el ex ministro de Turismo, Mohamed Zuhair Garana, acusado de brindar un trato preferencial a sus socios y amigos y de bloquear licencias a sus competidores. Visten traje blanco además otros funcionarios del más alto nivel del PND, como por ejemplo Ahmed Ezz, amigo personal de Gamal Mubarak, acusado de monopolizar la industria del acero a partir de su posición de privilegio y de haber diseñado el fraude electoral de noviembre de 2010.

Por ahora libre de las acusaciones judiciales, la ex primera dama, Suzanne, fue parte del estilo de vida lujoso que caracterizó a la familia. Apodada en su país "María Antonieta" (en clara referencia a la esposa de Luis XVI, decapitada en la guillotina) por sus aires monárquicos y su flema británica, atribuida al origen galés de su familia, patrocinó durante la gestión de su marido muchas campañas caritativas y acumuló reconocimientos de la Unicef y la UNESCO, pero aún hoy no se priva de sirvientes, joyas y carísimas reuniones sociales en cada uno de sus viajes de turismo a Londres, donde descansa en su casa, en el exclusivo distrito de Knightsbride, a escasos metros de la tienda Harrods, y valuada en diez millones de euros.

Como presidenta de la Comisión Nacional de la Mujer y frente a oleadas de denuncias sobre violencia familiar en su patria, no dudó en minimizar el fenómeno de la mujer golpeada en un país donde, según el Centro Egipcio por los Derechos Humanos, el 83% de las mujeres son sometidas a diario a algún tipo de acoso sexual.

El día después

Los cimbronazos populares de 2011 en el mundo árabe permiten conjeturar que existe un cambio de ciclo para un estilo de dominación que continuó luego de décadas de Guerra Fría: el de los regímenes neomonárquicos, muchos de ellos revestidos con apariencias democráticas no muy firmes en los últimos años, pero que permitieron a muchos dictadores de la región (Egipto, Túnez, Jordania, Yemen) mostrarse como aliados confiables de los intereses de Estados Unidos, en zonas del mapa global de extrema tensión, más aún después de lanzada la ofensiva de "guerra preventiva" desde Washington y contra un enemigo tan ambiguo como necesario.

Mubarak no lo supo hasta el último día: ya no era útil ni funcional a los intereses de quienes lo habían investido como el último faraón de Egipto. No alcanzaba, en esta oportunidad, con jurar fidelidad al programa impuesto por el FMI, como en 1991. En aquellos días y en plena Guerra del Golfo, Mubarak firmó con los ojos cerrados el acta acuerdo que significó la anulación de una millonaria deuda militar con Estados Unidos, pero también le exigía un activo rol durante el conflicto y una serie de medidas de ajuste y privatizaciones que terminarían arrasando la economía del país.

Ahora, el "alumno modelo del FMI" era corrido a un costado por las exigencias de los tiempos modernos. Desacreditado frente a su pueblo, no era útil y mucho menos confiable.

Interrogado durante media hora por varios funcionarios, Mubarak sufrió una repentina "crisis cardíaca" que impidió seguir con las preguntas y lo llevó a un hospital. En realidad, apenas alcanzó a dar su nombre, edad y ocupación. La imagen del dictador convaleciente se perfiló como la mejor metáfora del ocaso de un régimen derrumbado, pero que todavía mantiene intactos los mecanismos de dominación del partido gobernante.

De hecho, los sectores que tomaron la posta de la "transición" en Egipto no provienen de otra matriz política diferente de la que se ocupó de edificar durante treinta años el anterior presidente. Los gobernadores, casi todos vinculados al partido de

Mubarak e imitadores de sus prácticas corruptas y represivas, no han perdido su poder en las provincias. Los miembros del Consejo Militar, aliados desde siempre al ex presidente ante cada crisis interna, mantienen bajo control a unas Fuerzas Armadas que dominan el 35% de la economía egipcia. Al menos un 75% de los miembros de la odiada policía secreta (conocida por sus siglas SS de *State Security*), responsable de las aberraciones contra los derechos humanos de la población, fueron reasignados a otros departamentos policiales generados por la Agencia de Seguridad Nacional.

Así, el número dos de las SS egipcias, Hissam Abu Gheida, integrante del operativo que destruyó documentación comprometedora de Mubarak y acusado varias veces por torturas y detenciones arbitrarias, fue nombrado asistente en la División de Seguridad del Ministerio del Interior, pese a las quejas de la multitud que protagonizó las protestas callejeras que tumbaron a Mubarak.

Sin Mubarak a la cabeza de Egipto, con los militares dominando la situación y la población protagonista de la revuelta a la espera de cambios de fondo (que por cierto se demoran en llegar), el presente tiene forma de interrogante para ochenta y cuatro millones de egipcios. "Desde lo alto de estas pirámides, veinte siglos nos contemplan", afirmó Napoleón, en una frase destinada a la posteridad. El pasado, en efecto, tiene su gravidez. En el presente egipcio, el legado de tantos años de gobierno del hoy villano Hosni Mubarak parece una pesada herencia para un pueblo atravesado por la historia y consumido por la codicia del último faraón.

Capítulo 5
Indonesia
Mohammad Suharto
Nuestro hombre en Yakarta

Según la organización Transparency International, en su informe sobre corrupción de 2011, Mohammad Suharto fue el líder más corrupto de la historia global, con una fortuna calculada entre los quince mil y los 35 mil millones de dólares, además de una multitud de porciones accionarias en incontables empresas, obras de arte y joyas, y unos 36 mil kilómetros cuadrados de propiedades, patrimonio acumulado durante su período de gestión, de 1967 a 1998. Toda una proeza de productividad y ahorro.

Por otra parte, y según un informe de 1997 del Banco Mundial, Suharto fue el responsable del desfalco de al menos un 30% del presupuesto ligado a los "fondos de desarrollo de infraestructura" de esa entidad que, en realidad, eran desviados a la redecoración de edificios gubernamentales o a la compra de vehículos oficiales.

Pero aun con su contundencia, estos datos no terminan de definir la personalidad de quien mantuvo durante tres décadas una férrea dictadura en el archipiélago del sudeste asiático, la cuarta nación más grande del mundo, que comprende alrededor de diecisiete mil islas enclavadas desde la punta sur de Tailandia hasta el norte de Australia, en una zona de enorme importancia comercial, militar y geopolítica. Allí se encuentra la bisagra entre los océanos Índico y Pacífico, escenario de rutas marítimas internacionales; entre ellas, la que traslada el petróleo del Golfo hacia Japón y los Estados Unidos de América.

En todo caso, quizá el mejor modo de conocer el perfil de Suharto como cleptócrata sea una anécdota. Ella tiene la virtud de sintetizar su indudable olfato para los negocios y su defensa del capital extranjero como prioridad.

En diciembre de 1965, durante una reunión de ministros de su gabinete que discutían la nacionalización de dos compañías petroleras, el dictador llegó al lugar en su helicóptero, y sin ganas de perder el tiempo irrumpió en la sala y canceló cualquier atisbo de debate sobre cuál debía ser la política estatal. "No toleraremos acciones precipitadas contra compañías extranjeras", fue lo único que dijo. No hizo falta más. Los ministros levantaron la reunión y firmaron todos los acuerdos privatizadores que fueron necesarios para entregar el patrimonio nacional a un puñado de corporaciones de Occidente.

Al poco tiempo, el ejército de Suharto encarcelaba y asesinaba a los dirigentes sindicales que protestaban contra la instalación de las multinacionales ante los pozos petrolíferos y las plantaciones de caucho. Limitar la esencia de Suharto a su papel como lobbista de los inversores foráneos sería ignorar otra parte, tan complementaria como trágica, de su historia: la del sanguinario militar responsable de "uno de los peores asesinatos masivos del siglo XX", según la definición de la propia CIA en uno de sus informes secretos relacionados con el régimen indonesio.

A esa estrecha relación entre el corrupto y el criminal es preciso agregar otro elemento central: su papel decisivo como peón en el tablero del ajedrez de la política exterior de Estados Unidos en la región, y como laboratorio de pruebas para la aplicación de las fórmulas ordenadas por el Banco Mundial y el FMI.

Para todos ellos, Suharto fue algo más que un imprescindible aliado estratégico durante más de treinta años, legitimado siempre con la excusa del "milagro indonesio", de su pujante economía. También fue el vehículo ideal para imponer en la riquísima geografía asiática las garras de decenas de corporaciones que, desde hace décadas, obtienen enormes ganancias en una zona rica en productos agrícolas (como arroz, caucho, café, cacao, soja y aceite de palma), recursos naturales (gas natural, estaño, níquel y cobre), y que posee el segundo bosque tropical más grande del mundo, después de la selva amazónica. Por estas razones, es comprensible que Richard Nixon, ya en 1965, haya declarado que Indonesia era "por lejos, la recompensa más grandiosa en el área del sudeste asiático".

Bienes de familia

Haji Mohammad Suharto nació en 1921 y falleció en 2008. Fue presidente de Indonesia de 1967 a 1998, pero la red por él tejida manifestó una solidez difícil de vencer, y un entramado de negocios familiares entroncados con la actividad económica general de su país.

En Indonesia, la sigla KKN es utilizada para definir con rapidez al régimen de Suharto: significa "corrupción, colusión, nepotismo". Es que, desde su llegada al poder de la mano de la CIA, y como un aliado inestimable para evitar el peligroso avance comunista en la región, el dictador se preocupó por cumplir cada una de las pautas exigidas desde Washington, como condición para recibir la ansiada ayuda económica.

Mientras tanto, Suharto se encargó de entregar el control de los monopolios estatales a los familiares y amigos del clan, quienes a su vez retribuyeron el "favor" con millones de dólares en el pago de comisiones, la mayoría de ellas encubiertas en forma de donaciones caritativas a una docena de fundaciones, bautizadas con el nombre de *yayasans* y supervisadas por Suharto.

Como parte de la mecánica gubernamental bajo su mandato, cada institución financiera o corporación con intenciones de invertir en su populoso país (Indonesia cuenta hoy con casi doscientos cuarenta millones de habitantes) debía rendir tributo y contribuir con una porción de sus beneficios anuales a una *yayasan* a elección.

Pero ése no fue el único recurso del régimen para incrementar los saldos de sus cuentas bancarias: también sacó provecho de la participación accionaria nacional obligatoria en cada inversión extranjera en el país. Durante la privatización del servicio de agua con la empresa Sigit, uno de los adjudicatarios y beneficiado con el 20% del paquete accionario era su hijo Tommy Suharto.

Otro caso emblemático es el de la petrolera estatal, Pertamina. La compañía no sólo exportaba e importaba hidrocarburos a través de dos empresas comerciales de la familia, sino que ésta también cobraba como peaje impositivo hasta treinta y cinco centavos de dólar por barril para el servicio. Cuando los libros contables de Pertamina fueron auditados por primera vez en 1999, se estimó en al menos seis mil millones de dólares la cantidad que había sido apropiada con este mecanismo.

En cuanto a la fortuna familiar de los Suharto, se estima que al menos unos nueve mil millones de dólares estarían depositados en un banco austriaco, y que aún mantienen bajo su control 36 mil kilómetros cuadrados de propiedades en Indonesia, incluyendo cien mil metros cuadrados de oficinas de lujo en Yakarta.

El rol de la familia Suharto en cada negocio emprendido es otra particularidad que vale la pena subrayar a la hora de explicar la raíz de la fortuna del dictador. Su esposa y sus seis hijos tuvieron una activa participación en la trama financiera urdida por los asesores del autócrata, a través de las fundaciones o bien a partir de firmas empresariales montadas para la ocasión, como excusa para recibir el generoso aporte de los inversores. Su esposa, Tien, se había ganado el apodo popular de Madame Diez por Ciento, por la frecuente tasa que exigía a cada visitante al palacio presidencial con intenciones de invertir en Indonesia.

Su hija mayor, Siti Harduyanti, fue investigada luego de la muerte del dictador por una denuncia referida al pago de 31.9 millones de dólares de la empresa británica de armas Alvis como soborno para asegurarse la venta de tanques *Scorpion*, según denunció el periódico *The Guardian*.

Por su parte, el hijo favorito del dictador, Tommy Suharto, fue investigado por mantener el monopolio, durante los años noventa, de una especie imprescindible para la fabricación de cigarrillos. Desde una posición dominante, exigía a las empresas tabacaleras comprar esa mercadería sólo al precio pautado por él mismo.

Si bien Tommy eludió todas las acusaciones de corrupción, tampoco puede disponer libremente de todo su dinero y mantiene un juicio en la isla británica de Guernsey contra el banco BNP Paribas, que retiene unos veintisiete millones de dólares hasta que se determine si proceden de la corrupción. En 2002, el retoño de Suharto fue condenado a quince años de prisión por haber ordenado el asesinato de un juez de la Corte Suprema (que a su vez lo había sentenciado a dieciocho meses de prisión por su rol en un fraude de tierras), pero apenas llegó a permanecer cuatro años en una prisión de Yakarta.

En cuanto a las numerosas denuncias por corrupción, la más avanzada en la justicia es el reclamo de la Fiscalía General contra Tommy por utilizar dinero de las arcas estatales (unos 429 millones de dólares) para un frustrado plan con el que pretendía lanzar una marca nacional de automóviles, a principios de la década de 1990.

La idea de producir el primer coche doméstico se desarrolló bajo el auspicio de la firma PT Timor Putra Nasional, una empresa que el menor del clan creó para implementar el proyecto, pero que no llegó a pagar ninguno de los préstamos que le concedieron los bancos estatales, y que en 2003 fue revendida a una pequeña compañía… también controlada por Tommy. La operación, tan grotesca como ilegal, fue autorizada por la agencia encargada de gestionar la recuperación de los bancos tras la crisis financiera de 1997.

Las últimas noticias referidas a Tommy Suharto, siempre protagonista de las portadas de las revistas del corazón en Indonesia por su tendencia a los excesos nocturnos, están vinculadas a una exigencia presentada por sus abogados para que el gobierno lo indemnice con veintidós millones de dólares por "daños y perjuicios", y al lanzamiento de su nueva fuerza política (el Partido Nacional de la República), con la que aspira a ejercer la presidencia de Indonesia en un corto plazo.

Los amigos: el ejército de Exxon

En el extremo norte de la isla de Sumatra, la ciudad de Banda Aceh cuenta con los más importantes yacimientos de gas natural (con reservas estimadas en catorce millones de metros cúbicos, las mayores del mundo) y petróleo de la región, donde se concentra una cuarta parte de las exportaciones indonesias.

Su explotación está en manos de la corporación estadounidense Exxon Mobil desde 1968, siempre con el imprescindible apoyo del gobierno local, y durante décadas los campos de gas de Aceh representaron el 20% de los ingresos netos de la petrolera.

El proyecto conjunto para explotar el gas natural en la zona de Arún entre el Estado indonesio (a través de su subsidiaria, Pertamina), Exxon y una compañía japonesa contaba con la protección de una unidad militar de treinta mil soldados llamada Tentara National Indonesia (TNI), alquilada por la petrolera para garantizar su seguridad en la región. Esta fuerza fue luego acusada de sistemáticas violaciones a los derechos humanos y del asesinato de por lo menos dos mil personas.

Cabe acotar que en la región, definida desde el gobierno como "área de operación militar", el Estado sólo se hace cargo de una cuarta parte de los fondos que cobra el ejército. El resto del dinero depende de los acuerdos extraoficiales que firmen los generales con Exxon, a cambio de la protección de sus yacimientos.

Como contraparte, la familia Suharto recibió una millonaria transferencia accionaria de la empresa cuando se firmaron los contratos. Pero la zona petrolífera es, al mismo tiempo, una de las regiones de mayor tensión política del archipiélago por el accionar guerrillero del Movimiento de Liberación de Aceh (GAM), presencia riesgosa para las inversiones del gigante estadounidense.

Veamos algunas de las características generales de esta empresa eventualmente amiga de los Suharto, para entender el cariz de los negocios a cuyo conocimiento tienen acceso muy pocos de los mortales.

Exxon Mobil no sólo es la corporación petrolera más importante del mundo después de la fusión entre Esso y Mobil en 2000, sino también la compañía con mayores beneficios, según la conocida revista *Fortune*. Con actividades dispersas en cuarenta países, solamente en petróleo esta corporación produce 2.6 millones de barriles por día, con reservas estimadas en setenta mil barriles de crudo al día.

Detrás de tanto poder siempre se oculta una gran impunidad, como la que necesitó la citada empresa para eludir la justicia después del naufragio de su barco petrolero Exxon Valdez en las aguas de Alaska, con el consecuente derrame de 37 mil toneladas de hidrocarburo, en 1989. También, para ocultar durante años su papel durante la guerra civil en Angola, donde financió tanto al gobierno como a las fuerzas rebeldes a partir del pago de derechos de explotación y el envío de armas a través de traficantes, en una de las zonas marítimas de mayor potencial hidrocarburífero. Y por último, para desarrollar el gigantesco proyecto de oleoducto de más de mil kilómetros desde Chad hasta las playas de Camerún (la mayor inversión privada en la historia de África, con el respaldo del Banco Mundial y el Banco Europeo de Inversiones), en una operación que expulsó a miles de familias de la región, contamina tierras cultivables y cuerpos de agua y financia la compra de armas por parte del gobierno de Chad.

La organización de derechos humanos The International Labor Rights Fund, con sede en Washington, presentó en 2001 una demanda contra Exxon Mobil basada en los abusos sufridos por once personas en Aceh, en la que se acusa a la petrolera de brindar apoyo material y logístico al ejército indonesio para violar, torturar y asesinar a civiles sospechosos de estar vinculados a los separatistas.

La acusación en concreto se refiere a la construcción y el permiso para la utilización de edificios donde se interrogó, torturó y asesinó a civiles; el aporte de excavadoras para que los militares construyeran los cementerios donde enterraron a sus víctimas; y el permiso para utilizar caminos abiertos por Exxon para llegar a esas tumbas.

Al momento de explicar su comportamiento en Aceh, los voceros de la corporación aclararon que de ninguna manera ella "ha causado directamente, de manera intencionada, ni ha conspirado para cometer ni participar en ningún hecho violento" y que no existe "base legal" en Estados Unidos para la demanda en su contra.

Al respecto apuntaron:

"Estas alegaciones carecen de fundamento y están diseñadas para llevar publicidad a su organización. Tenemos una historia muy larga en Indonesia y siempre hemos sido sensibles a las necesidades de los residentes locales, nuestros empleados y el gobierno".

La respuesta del CEO y presidente de Exxon Mobil, Lucio Noto, a las incriminaciones no deja lugar a dudas respecto de la estrategia defensiva de la corporación:

"Si ocurrió algo porque alguien utilizó el equipo de forma errónea, lo siento".

Por su parte, desde la estatal Pertamina se negó que la empresa financiara a los soldados indonesios, pero sí se admitió que se les había proporcionado atención médica, alojamiento y transporte. Sin embargo, ya en 2000 el grupo Kontras de derechos humanos confirmó que por lo menos diecisiete puestos militares y policiales de Aceh, donde se empleaba a unos mil uniformados, fueron subvencionados directamente por Exxon. De hecho, la revista *Time* señaló que los ciudadanos de Aceh:

"...literalmente hacen cola para referir actos violentos y asesinatos cometidos por las tropas que ellos llaman 'el ejército de Exxon'".

Una investigación de *Business Week* señala que los contratistas que realizaban tareas de excavación en la región encontraban de forma usual restos humanos, como consecuencia de matanzas y entierros en fosas comunes, muchas de ellas descubiertas luego de la muerte de Suharto. "No había una sola persona en Aceh que no supiera que las masacres habían tenido lugar", afirma un testigo a la revista.

Sin embargo, y pese a la solidez de las pruebas presentadas ante el juzgado federal de Washington, la causa contra Exxon Mobil tuvo un freno por orden del gobierno de Estados Unidos. En tiempos de "guerra preventiva" contra el terrorismo del mundo musulmán, la relación estratégica entre Yakarta y Washington no podía sufrir interferencia o daño alguno, según la táctica utilizada por los abogados de la compañía petrolera. Frente al episodio de presión por parte del gobierno, un editorialista del *New York Times* aseguró:

"El anuncio de la Administración ha sido una señal de que los derechos humanos pueden ser una víctima en la campaña contra el terrorismo".

Vale recordar, como dato aleatorio, que Exxon Mobil fue el segundo mayor contribuyente financiero (sólo detrás de la quebrada firma Enron) de la campaña presidencial de George W. Bush, con una donación de cien mil dólares, que los medios estadounidenses estiman como factor de presión para exigir la destitución del titular de la Comisión Internacional del Clima de la Casa Blanca, para ignorar el cumplimiento de las pautas establecidas en el Protocolo de Kyoto y para salir indemne de cualquier cuestionamiento ante la decisión de rechazar el proyecto de un "código de conducta" impulsado desde el Departamento de Estado para limitar el accionar de las corporaciones energéticas y mineras en el exterior.

Durante el trágico tsunami de diciembre de 2004 que azotó la costa este de Sumatra, murieron en Banda de Aceh al menos 61 mil personas, nada menos que el 23% de la población de la ciudad.

En ese momento, voceros del movimiento separatista GAM denunciaron que entre los marines "socorristas" enviados desde Estados Unidos se infiltraron agentes de la CIA con la misión de garantizar la seguridad de las inversiones de Exxon Mobil en la región, en un despliegue militar de inusuales proporciones.

Los devastadores efectos del maremoto cancelaron cualquier opción de independencia para la región, una de las preocupaciones de siempre de los gerentes de Exxon, que siempre apostaron por la "normalización" de la situación interna y observaron con inquietud la posibilidad de tener que renegociar sus contratos con un nuevo gobierno autónomo, después de las inmejorables condiciones pautadas con Suharto décadas atrás.

Dictador sanguinario, alumno ejemplar

Desde el primer día de gobierno de Suharto, el gobierno de los Estados Unidos fue muy claro en cuanto a la condición esencial para enviar un salvavidas económico a un país en ruinas: toda ayuda estaría sujeta a la aplicación de las fórmulas de gestión ordenadas por el FMI y el Banco Mundial.

Atrás había quedado el peligroso periodo de Achmed Sukarno, el primer presidente del archipiélago después de conseguida la independencia de los Países Bajos.

De sesgo antiimperialista y crítico del colonialismo europeo, Sukarno encarnaba un peligro latente para los analistas de Washington: el nacionalismo del líder, vinculado al movimiento de países no alineados, ponía en peligro los planes norteamericanos de afianzarse en la región. Allí surgió la figura del general Suharto, un militar acusado por contrabando, como el instrumento eficaz para torcer el rumbo de Indonesia. El naciente líder lanzó en septiembre de 1965 una masiva represión contra los partidos del ala izquierda local, en particular contra el Partido Comunista, con la excusa de una represalia ante un supuesto intento de golpe de Estado.

La matanza bajo las órdenes de Suharto dejó como resultado entre quinientos mil y un millón de civiles muertos, uno de los mayores genocidios del siglo. A partir de aquella sanguinaria demostración de poder, la caída de la presidencia era cuestión de tiempo para un caudillo militar que contaba con todo el respaldo de los Estados Unidos.

Apenas seis días después de su arribo al gobierno, Washington anunciaba la apertura de una línea de crédito por 8.2 millones de dólares y, algunos meses más tarde, la concesión de un salvataje de 174 millones de la moneda americana para superar la crisis.

Una semana después, Indonesia confirmaba su regreso al Banco Mundial y Suharto comenzaba a cumplir, con la prolijidad de un alumno aplicado, las exigencias aplicadas desde Occidente. Así, a través del llamado "Nuevo Orden" impuesto por un grupo de economistas educados en Estados Unidos y apodados "la mafia de Berkeley", ponía en marcha la era de las privatizaciones de los recursos naturales y la apertura al capital extranjero; reorganizaba la deuda externa, que consumía el 69% de las exportaciones nacionales; y recibía con los brazos abiertos al titular del Banco Mundial, Robert McNamara quien, pisando suelo indonesio, afirmó que la corrupción "era un cáncer devorando a la sociedad", pero que el país que visitaba "era la joya de la corona" para las operaciones de la entidad financiera.

Desde entonces, el respaldo del Banco Mundial y el FMI sería una de las columnas en las cuales se apoyaría el dictador para consolidar un régimen de beneficios mutuos y de ganancias repartidas, aun legitimando con préstamos millonarios las medidas más controvertidas de Suharto.

Así fue como entre 1976 y 1986, el Banco Mundial otorgó un crédito de seiscientos treinta millones de dólares para financiar el proyecto de limpieza étnica llamado "trasmigración", o sea: el desplazamiento por la fuerza de 3.5 millones de pobres desde las islas centrales más densamente pobladas, como Java y Bali, hacia las menos habitadas, como Borneo y Sumatra.

Por otro lado, en 1976, el gobierno indonesio proclamó a Timor Oriental como su provincia número 27, anexando a la fuerza y aplastando con todo el rigor militar (y con el guiño cómplice de Henry Kissinger) el intento independentista que se había esbozado en la región, matando a cien mil personas, nada menos que un tercio de la población local. Después de la invasión, el clan Suharto se apropiaría del 40% del territorio de Timor Oriental. El primer país en reconocer la validez de la salvaje anexión sería, claro, Estados Unidos de América.

Lavar la cara

Durante la década del noventa, Suharto acató disciplinadamente las directivas del FMI y reformuló su dictadura, incorporando mecanismos formales de democracia. La consecuencia de su "reforma política" fue la conformación de un colegio electoral compuesto en un 60% por miembros elegidos por él, cuya única función fue ungirlo como presidente después de elecciones nada transparentes cada cinco años.

El instrumento utilizado por el dictador para mantener el fuerte dominio sobre la población fue el ejército, la institución más influyente del país desplegada alrededor de la burocracia estatal. El ejército siempre fue el actor protagónico en la preservación de "la unidad territorial" de un país integrado por una mayoría musulmana, con trescientos grupos étnicos y doscientas cincuenta lenguas.

Pero la represión no pudo contener la crisis financiera de 1997, que afectó gravemente la economía y comenzó a descascarar el falso "milagro" de Suharto y la "mafia de Berkeley". En cuestión de semanas, el capital extranjero abandonó el país, la rupia perdió el 80% de su valor, el desempleo y la inflación se dispararon a niveles inéditos, y Suharto fue obligado a firmar un durísimo plan de ajuste ordenado por el FMI, que empujó a millones de habitantes a la pobreza más extrema.

Un año después, la reacción popular resultó insostenible aun para un militar acostumbrado a ordenar grandes masacres (de hecho, centenares de estudiantes murieron por la represión callejera durante las protestas). El otrora todopoderoso ahora estaba debilitado por las pujas internas en su propio partido, el Golkar, y también por las críticas que llegaban desde sectores de la oficialidad militar. El 21 de mayo de 1998, ya sin el apoyo de los Estados Unidos, presentó su renuncia y abrió una nueva etapa para la historia de Indonesia. "Lamento los errores cometidos", fue la frase más relevante en su despedida.

La debacle política trajo aparejado el inicio del acoso judicial sobre Suharto y sus riquezas. El 29 de mayo de 2000 se le acusó formalmente de malversar 571 millones de dólares de donaciones gubernamentales, importe trasladado hacia una de sus fundaciones para utilizarlo en inversiones familiares.

Pero para septiembre la justicia admitió que el ex dictador no podía ser juzgado debido a su delicado estado de salud. La muerte lo encontró el 27 de enero de 1998, en la comodidad de la cama de un hospital en Yakarta, con su fortuna intacta en la bóveda de bancos europeos, con la mitad de la población bajo la línea de la pobreza y la economía de su país devastada. La deuda externa había pasado de tres mil millones a 67 mil millones de dólares durante su gobierno.

Otro verdugo de los propios y amigo de los ajenos partía. Suharto expiró sin haber pagado por sus crímenes y sus robos con un solo día tras las rejas.

Capítulo 6
Zaire
Mobutu Sese Seko
La "caja fuerte con patas"

Recorrer los últimos años de gobierno del mariscal Mobutu Sese Seko al mando de un país quebrado, empobrecido y saqueado permite comprender mejor que cualquier ensayo académico el declive de la cleptocracia más nefasta de la historia africana. Mobutu nació en el Congo Belga en 1930 y falleció en 1997. Fue el primer y único presidente de la República de Zaire, actualmente denominada República Democrática del Congo.

Ejerció sin frenos su cargo por más de treinta años, entre noviembre de 1965 y marzo de 1997, periodo en el que también comandó el ejército de su país. A poco de su derrumbe, la ex colonia belga era un páramo de miseria generalizada, corrupción endémica y descontrol absoluto. Si a fines de 1994, cuando se emitió la nueva moneda nacional, el dólar se cotizaba a tres "zaires", un año después, el precio del billete americano trepó hasta los quince mil "zaires". Para entonces, la inflación llegó a superar el 10.000% anual y la deuda externa alcanzó los 13.700 millones de dólares.

Ya en 1996, las comunicaciones fuera de la capital estaban cortadas por la quiebra pública del Estado y la falta de pago a la compañía telefónica, y las carreteras se deterioraban por falta de mantenimiento. El dictador se desinteresaba por mejorarlas, ya que especulaba que los ejércitos rebeldes podían demorar hasta un mes en transitar los destruidos caminos del este. Así se llegó a que sólo el 1% de los caminos fueran utilizables. No había luz en los hospitales; el desempleo no bajaba del 80%; se demoraba el pago de salarios a funcionarios públicos, incluso a los miembros del ejército, entonces dedicados a asaltar vehículos particulares para "financiarse" por su cuenta. Sólo había dos exclusivas salvedades: la guardia personal de Mobutu, compuesta por tres mil efectivos, y los trescientos mercenarios serbios que utilizaba para su protección; ellos cobraban bien y con puntualidad.

Además, los enfrentamientos tribales entre distintas etnias regionales iban en aumento, y el brote periódico del virus Ébola, de altísima mortalidad y en extremo contagioso, hacía su devastadora aparición epidémica en las zonas rurales de un país con una esperanza de vida de apenas 46 años, y con la mayor cantidad de infectados con el virus VIH en todo el planeta.

Pero si el paisaje interno se mostraba crítico para la gestión de Mobutu, del otro lado de las fronteras tampoco llegaban buenas noticias. Desde 1994, cuando el gobierno hutu de Ruanda organizó una ofensiva contra los tutsis, se había generado una respuesta armada de esa etnia que pasó a controlar los resortes del poder. Casi dos millones de hutus ruandeses emprendieron la fuga y llegaron a Zaire en busca de amparo. Allí sobrevivieron gracias al ofrecimiento de refugio de Mobutu y a la ayuda internacional, mientras el nuevo gobierno tutsi ruandés acordaba con sus pares de Uganda y Burundi financiar las incursiones armadas de los enemigos de Mobutu contra la dictadura zaireña.

A la cabeza de las fuerzas rebeldes emergía la contradictoria figura de Laurent Kabila, un ex guerrillero marxista devenido entonces en diestro negociador social-demócrata quien, sin ejército propio, "con diez mil dólares y un teléfono satelital", según admitió después, se apoyó en una fuerza compuesta por milicianos ugandeses y ruandeses mientras, al mismo tiempo, firmaba importantes contratos de concesión a futuro con empresas mineras de origen estadounidense para garantizar el respaldo de Washington a su aventura revolucionaria contra el odiado Mobutu.

En ese crítico contexto, ¿cómo lograba mantenerse en el poder aquel longevo opresor, con más de tres décadas de corrupción, saqueo organizado y represión en el gobierno?

¿Qué intereses permitían que Mobutu, responsable de un presente oscuro en casi todas las áreas del Estado, mantuviera hasta el final de su reinado la capacidad para determinar las variables políticas en un país arrasado por la miseria?

¿Cómo era posible que la caída del comunismo en los países de Europa Oriental, sus viejos adversarios históricos, hubiera significado para el autócrata el principio del fin de su reinado?

¿Cuándo había dejado de resultar un "aliado estratégico" para los operadores de los Estados Unidos, para pasar a ser un fusible necesariamente reemplazado en el juego geopolítico de Washington, interesado ahora en desplazar a Francia como fuerza colonial todopoderosa y afianzarse en el tercer país más extenso de África?

Mobutu, lejos de inquietarse por el perjudicial cambio de época que se vislumbraba en el horizonte o de intentar comprender las razones del epílogo de su dictadura en 1997, en los últimos días en el poder se preocupó por garantizar su fuga como exiliado a Marruecos, y por proteger, billete sobre billete, una fortuna personal que, según estimaciones de Transparency International, alcanzaba los cinco mil millones de dólares.

El providencial Mesías

Su nombre completo era Mobutu Sese Seko Nkuku Ngbendu wa Za Banga, o traducido del swahili: "Guerrero todopoderoso que, debido a su resistencia y voluntad inflexible, va a ir de conquista en conquista, dejando el fuego a su paso". Así eligió rebautizarse el dictador en 1972, en pleno proceso de centralización de un poder que había conquistado siete años antes y que ahora intentaba profundizar en mitad de un proceso nacionalista de "autenticidad africana", que incluyó el cambio de nombre del país (del Congo pasó a llamarse Zaire) y de todas sus ciudades de nombre belga, la nacionalización de las firmas extranjeras y la expulsión, por un breve lapso, de los inversores europeos.

Poco tiempo después, la crisis económica haría rever al tirano su posición extrema. A partir de 1977, el guerrero se desvivió por mostrarle al mundo los beneficios de invertir en Zaire, y aprovechó mejor que nadie las simpatías de algunos gobiernos del Viejo Continente. Sus abultadas billeteras eran pródigas con los buenos socios.

En 1965, el joven oficial Mobutu había conseguido por fin la aprobación de sus aliados en Washington para lanzar su ofensiva y quedarse con el poder del Congo a través de un golpe de Estado, después de entregar a sus verdugos a su único presidente electo democráticamente, Patrice Lumumba. Éste tenía profundas convicciones anticoloniales y un espíritu indomable. Mobutu lo había conocido en el exterior y había sido su amigo y secretario personal.

Hábil para la intriga política y muy inteligente para capitalizar las confrontaciones internas en el ejército, el mariscal Mobutu había cumplido las órdenes del presidente Eisenhower quien, en una reunión con la National Security Council preguntó, preocupado: "¿Cómo podemos librarnos de este tipo?", en referencia a Lumumba; y se había mostrado ante los operadores de Washington y Bruselas como un confiable militar que defendería los intereses de los Estados Unidos, y prestaría singular utilidad para frenar el avance del comunismo en el África neocolonial.

Cuatro décadas más tarde, en 2002, el gobierno belga pidió oficialmente disculpas por su implicación en el asesinato de Lumumba, dando por cerrado el caso, pero no hubo disculpas que se hicieran escuchar desde la Casa Blanca o las oficinas de la CIA, los viejos amigos de Mobutu.

Durante los años de la Guerra Fría, el dictador asumió sin complejos su papel de disciplinado soldado de la CIA y el de gran desestabilizador de la región.

Por ello, el tirano sostuvo durante muchos años la dictadura hutu en Ruanda, apoyó al gobierno elegido por los franceses para Chad o transformó al Zaire en base de operaciones contra el gobierno de Angola (que era apoyado por Cuba y la Unión Soviética), organizando y financiando la milicia anticomunista Unión Nacional para la Independencia Total de Angola (UNITA).

Pero Mobutu no sólo actuaba por convicción ideológica. Según el *Washington Post*, el clan del presidente vendió durante años toneladas de armas a la UNITA, a cambio de verdaderas fortunas, sin reparar en que, deshaciéndose de ese armamento, debilitaba cada vez más a sus escuálidas Fuerzas Armadas.

El guerrero recibió la invalorable colaboración del FMI y el Banco Mundial ante cada crisis financiera, y hasta el envío de paracaidistas belgas y franceses para reprimir cualquier intento de rebelión interna o secesionista, instalando un verdadero Estado policial en su país.

Mobutu llegó al poder advirtiendo que se quedaría cinco años, pero después de aniquilar la resistencia de sus opositores se mantuvo en la presidencia durante más de treinta, a través del partido único: el Movimiento Popular de la Revolución.

En sus primeros años de gobierno, concretó proyectos faraónicos como la represa de Inga (sobre el río Congo), un "elefante blanco" de escasa producción pese a sus colosales dimensiones, o la siderurgia de Maluku, que nunca llegó a funcionar a más del 10% de su capacidad.

También hizo del culto a la personalidad un dogma de Estado. Mobutu se otorgó a sí mismo el título de Mariscal; prohibió durante años que los periódicos mencionaran a otro funcionario público que no fuera él; exigió que los primeros quince minutos de cada jornada escolar se dedicaran al canto de himnos en su honor por parte de los estudiantes; se auto adjudicó oficialmente apodos como el mesías, el Redentor o el Visionario. Según se encargó de explicar un funcionario zaireño, desde entonces: "El MPR debía ser considerado una Iglesia, y su fundador, su Mesías".

Goles en contra

Del mismo modo, Mobutu intentó utilizar el deporte como estrategia publicitaria para limpiar su imagen en el exterior, y no reparó en gastos para conseguirlo.

En 1974 pagó más de diez millones de dólares para garantizar que Zaire fuera el escenario del combate de boxeo más extraordinario de todos los tiempos: el *match* entre Mohamed Alí y George Foreman. En ese mismo año prometió una fortuna a cada jugador del plantel de fútbol de su país si lograba clasificarse para el Mundial de Alemania. Y el equipo lo logró.

Era la primera incursión de un país del África Negra en los mundiales de fútbol, pero la actuación de Zaire no es tan recordada por los resultados (perdió los tres partidos que jugó, con 14 goles en contra y ninguno a favor) sino por una jugada en particular. Zaire estaba jugando contra Brasil y perdiendo 3 a 0. El árbitro decretó un tiro libre a favor del equipo sudamericano, y el defensor Ilunga Mwepu, que formaba parte de la barrera defensiva, se desprendió de ella al sonar el silbato y pateó la pelota a la tribuna, para sorpresa y risa de todos los espectadores. Durante décadas se especuló con la ignorancia del reglamento de los jugadores zaireños, pero el propio Mwepu se ocupó de explicar las razones de su extravagante comportamiento:

"¿Cree usted que yo deliberadamente me haría ver como un idiota? Hay que recordar que estábamos jugando por nuestras vidas".

Y el jugador completó la información que justificaría su extraño proceder. Minutos antes de salir al campo de juego, el equipo había recibido en el vestuario un mensaje del Mariscal Mobutu, breve y amenazante:

"Si Brasil les mete más de cuatro goles, será mejor para ustedes que se queden en Alemania".

Entrevistado hace pocos años por la BBC, Mwepu explicó que, asustado ante la perspectiva de otro gol brasileño, intentó perder tiempo con su reacción. Y agregó otros detalles: que los dirigentes de la federación se habían robado los sueldos de los jugadores y que ahora él vivía en la miseria, sin casa, en las calles como un vagabundo.

Habría aun otros goles en contra para Mobutu.

El desmembramiento de la Unión Soviética y la caída del comunismo en Europa Oriental marcaron el principio del fin de un ciclo histórico. Estados Unidos ya no necesitaba a Mobutu, ese incómodo tirano, acusado de corrupto y de violador de los derechos humanos. Ni siquiera con las tibias reformas democráticas que encaró a partir de 1992, "el Mesías" logró recuperar la confianza de sus aliados de siempre.

Era el tiempo de modernizar la imagen de los gobiernos africanos y de profundizar la presencia comercial norteamericana en todo el Continente Negro. Para cumplir con ese objetivo, había que cambiar y deshacerse de los lastres. Mobutu era uno de ellos, casi una reliquia de los tiempos de espionaje y misiones ultra secretas contra los soviéticos en África.

Con el país descontrolado, las pujas étnicas agudizando el nivel de violencia y el Estado ausente desde mucho tiempo antes, el dictador esperó el final de su tiranía sin alterarse demasiado. Protegido por sus mercenarios serbios en el Palacio del Pueblo, escoltado por una masa rentada de manifestantes que cantaban y aplaudían al autócrata, acomodó sus informes bancarios y se dispuso a viajar a Marruecos, hospedado por su gran amigo, el rey Hassan II.

Aquejado ya por un cáncer de próstata, desde su cómodo exilio participó de la "transición" de Zaire a manos de Joseph Kabila, apoyado ahora por quienes habían sido aliados suyos durante tres décadas.

El pueblo congolés festejó la partida de Mobutu con una plegaria difundida de modo masivo en Kinshasa:

"¡Oh, ladrón nuestro que estás en Gbadolite!, que tu nombre sea abolido, que cese tu reino, que tu voluntad sea anulada, tanto en el Zaire como en el exterior. La riqueza que nos has robado dánosla hoy, perdónanos nuestra paciencia como nosotros perdonamos a los mosquitos, no nos sometas más a la miseria y desaparece de nuestra vista, Amén".

El 7 de septiembre de 1997, en Rabat, mientras su país era arrasado por la guerra más cruel de la historia africana, moría el oscuro dictador.

En las bóvedas de los bancos de algún paraíso fiscal en Islas Caimán, permanecen hasta hoy los billetes de Mobutu, arrebatados a un pueblo hambriento, condenado por las potencias occidentales y por la codicia de algunos compatriotas a un pasado trágico y a un futuro de incertidumbre.

Pero extendámonos unos renglones más en la patria de Mobutu, para ver el trasfondo económico que hace que Occidente preste tanto auxilio o "suelte la mano" a este tipo de dictadores.

La maldición del coltán

El "Golfo Pérsico de los minerales": así se denominó durante años al Zaire, territorio con abundantes recursos naturales, terrenos fértiles y yacimientos ricos en minerales preciosos, aunque la gran mayoría de sus cuarenta y cinco millones de habitantes sobrevive a duras penas en la miseria y la exclusión, y uno de cada cinco niños muere antes de cumplir los cinco años a causa de la desnutrición o de enfermedades curables.

La pobreza es el común denominador para un pueblo que nunca supo que una de las riquezas minerales estratégicas para el futuro de la humanidad se ocultaba en las entrañas de un país devastado por el hambre, la violencia y las epidemias.

Porque, si las ganancias por la extracción del cobre y el cobalto habían alimentado durante muchos años los bolsillos del dictador, un nuevo mineral entraría a hegemonizar la escena económica nacional en los últimos años, mirada siempre desde lejos por millones de hambrientos en Zaire.

Cuando Mobutu asumió el poder en 1965, ignoraba el significado de la palabra *coltán*. Sin embargo, cuando su reinado comenzó a transitar la curva descendente, esa abreviatura de dos minerales (colombio y tántalo) se transformó en el vocablo más repetido durante las conversaciones con su séquito y en las reuniones con inversores de todas las procedencias. Se trataba, nada menos, que del "oro gris", el mineral del futuro que llegaría a desplazar al cobre como la principal fuente de ingresos durante décadas, un recurso no renovable de importancia creciente que se utiliza para la fabricación de los condensadores que manejan el flujo eléctrico de los teléfonos celulares, pero que también se aplica en misiles y armamento sofisticado.

En realidad, el dato que le interesaba a Mobutu era otro: según las estimaciones geológicas, alrededor del 80% de las reservas mundiales de coltán estaban en su país.

Lo que no le interesaba al autócrata, en absoluto, era advertir que sería el coltán el que signaría su propio ocaso como déspota y, mucho menos aún, el que enredaría al Congo en una guerra fratricida en su frontera con Uganda, guerra que llegó a involucrar al menos a nueve países (entre ellos Angola, Namibia, Zimbabwe, Sudán y Chad, y luego Burundi y Libia) en un conflicto en el que lo político y lo étnico se vincularon de un modo tan criminal como confuso, y que dejó en cinco años un saldo de más de cinco millones de muertos, casi tantos como toda la Segunda Guerra Mundial.

Para 1997, Mobutu ya no era solamente un antipático y "políticamente incorrecto" dictador africano: se había transformado en un estorbo para la ofensiva comercial sobre el coltán de varias empresas mineras de origen norteamericano, como la American Mineral Fields (una compañía con sede en Arkansas que un mes antes de la caída de Mobutu firmó acuerdos con las fuerzas rebeldes de Joseph Kabila por mil millones de dólares); y canadiense, como la corporación Barrick Gold (la segunda productora mundial de oro, en cuya junta directiva figuraba el ex presidente George Bush padre), interesadas en el millonario negocio del coltán, pero también en la explotación de cobalto, cobre y oro.

Del negocio tampoco se quedaron afuera los distribuidores estadounidenses de armas, como Simax, y las compañías que fabrican material de guerra para el Pentágono, como Lockheed Martin, Halliburton y Bechtel.

A partir de un informe difundido por Naciones Unidas en 2002, se acusó a veintinueve compañías de haber saqueado la República Democrática del Congo (entre ellas, Sierra Grem Diamonds, Consolidated Eurocan Ventures, Lundin Group, Barrick Gold, Anglo American Company, American Diamond Buyers, Bayer AG y Barclays Bank) y a otras ochenta y cinco, de haber violado las normas de comportamiento empresarial establecidas por la Organización para la Cooperación y el Desarrollo, durante los años de guerra civil. En el caso particular de American Mineral Fields, se dice que la corporación pretendía "desmembrar el Congo en microestados antagonistas, que dependan de las corporaciones mineras transnacionales".

Quizá la mejor síntesis para explicar las razones de la trágica desventura de millones de congoleños, librados a su suerte como víctimas de una guerra intercapitalista encarnizada entre corporaciones extranjeras y sus socios locales (disfrazada por la prensa occidental, en más de una ocasión, como un conflicto "tribal y salvaje"), la haya proporcionado el periodista Johann Hari, en un artículo de The Hamilton Spectator:

"El único cambio a través de las décadas ha sido cuáles recursos naturales se sacan para consumo occidental: caucho bajo los belgas, diamantes bajo Mobutu y ahora, coltán".

Fortuna protegida

Comparado con la perspectiva millonaria del negocio del coltán, los ocho mil millones de dólares de ayuda internacional que enviaron al Zaire los gobiernos occidentales aliados entre 1979 y 1994, y que Mobutu utilizó a discreción para incrementar su cuenta bancaria, parecían menos que una limosna.

Pero para cuando el precio del coltán subió diez veces en el mercado mundial y alcanzó el del oro, Mobutu ya no era el dictador todopoderoso del Congo sino apenas un mal recuerdo, otro más en la trágica historia de la ex colonia belga que se encontraba, desde la caída en desgracia de aquél, en una guerra que la ONU definió en 2001 como signada por:

"...una situación de 'ganar o ganar' para todas las partes beligerantes. Los adversarios y enemigos son, a veces, socios comerciales, compran armas a los mismos proveedores y utilizan los mismos intermediarios. Los negocios han eclipsado las necesidades de seguridad".

Muchos años antes de que los geólogos descubrieran el coltán en las entrañas del Congo, Mobutu acumulaba poder y riquezas en cantidades similares: poseía al menos diez mil millones de dólares en propiedades en veinte ciudades del mundo, de Lausana a Marrakesh (incluido un edificio de cinco pisos y un restaurante de lujo, valuado en diez millones de dólares), y hasta se daba el lujo de viajar en su avión *Concorde* por el mundo (y de aterrizarlo en la pista construida en su pequeño pueblo natal) o de invitar a amigos y socios comerciales a Portugal, para visitar su bodega con catorce mil botellas de vino añejo.

Mientras tanto, escondía las millonarias cifras provenientes de la venta de diamantes para evitar el riesgo de un boicot internacional y enviaba su fortuna personal a la protección y discreción de las cuentas suizas, a través de testaferros y cuentas fantasmas, hasta acumular en sus manos una cifra similar al total de la deuda externa de su propio país en 1989, cuando Zaire se vio forzado a declarar la cesación de pagos por intereses y vencimientos de préstamos internacionales.

Con su caída y a partir de la presión internacional, el gobierno suizo anunció en 2003 el congelamiento de apenas una propiedad de Mobutu en la fastuosa villa de Savigny, de treinta habitaciones, con grifería de oro y mármoles de Carrara, cotizada en 3.5 millones de dólares. Pero Suiza no pudo eludir la acusación de haber sido durante décadas el centro de "lavado" preferido del dictador africano, y tampoco se preocupó por indagar en el resto de los depósitos vinculados, de modo directo o indirecto, a Mobutu.

Por caso, poco tiempo después de la muerte del tirano, uno de sus hijos, Kongulu, abrió una sociedad fantasma en Martigny, en el cantón suizo de Valais. Según señaló el periodista Ram Etwarrea, especialista en investigar los bolsillos de los dictadores africanos:

"Oficialmente, se trató de una compañía de importación y exportación, pero en realidad era un instrumento para que el hijo de Mobutu pudiera tener la autorización de trabajar en Suiza y, de esa manera, poder dedicarse con más libertad a la venta de diamantes y a frecuentar a los administradores de su padre".

El mismo Kongulu ya en 1996 se había presentado ante un vendedor de diamantes en Ginebra para proponerle una relación comercial de alto nivel.

Por las dudas, apenas se conoció la noticia del congelamiento de una pequeña porción de la fortuna familiar, otro de los diecisiete hijos del ex dictador, François Joseph Nzanga (candidato a presidente en 2006 y nombrado secretario de Agricultura poco después), reaccionó con rápidos reflejos y movió sus fichas para hacer "desaparecer" los fondos familiares sin dejar rastros, en los laberintos de las cuentas bancarias de las Islas Caimán.

Cuando el banquero suizo confirmó que la transacción millonaria se había desarrollado sin contratiempos, el heredero del clan Mobutu habrá suspirado aliviado y habrá dedicado al cielo una plegaria para su padre todopoderoso, aquel que George W. Bush definiera como "uno de nuestros amigos más preciados", y Ronald Reagan como "un partidario de la democracia y la libertad", al recibirlo con honores en la Casa Blanca y beneficiarlo con mil millones de dólares de "ayuda financiera".

Ese demócrata a los ojos de los dueños de Occidente es el mismo que se ganó el apodo de "la caja fuerte con patas", con el que lo bautizó alguna vez la revista alemana *Der Spiegel*.

Capítulo 7
GUINEA ECUATORIAL
OBIANG NGUEMA
ANTE TODO, LA FAMILIA

> "Yo arreglo las cosas en este país porque en África hay mucha corrupción. Si hay corrupción, desvío de fondos, entonces yo soy el responsable."

> Teodoro Obiang Nguema

El año 1995 sería inolvidable para la historia de Guinea Ecuatorial. No porque se desarrollara una gesta épica en la diminuta ex colonia española; tampoco porque se alcanzara allí un éxito científico o un avance técnico de trascendencia. Mucho menos porque se lograran disminuir el desempleo o la altísima tasa de mortalidad infantil, cuyos promedios superan la media, de por sí crítica, del África Subsahariana. Según estadísticas del Banco Mundial, antes de ese inolvidable año un 5% de la población guineana controlaba el 80% de la renta nacional, y más del 60% de la gente vivía en una pobreza absoluta.

Lo que pasó aquel año es que se descubrió petróleo al norte de la isla de Bioko, y a partir de allí todo cambió para siempre. Para los dirigentes de Guinea se abrió una perspectiva de negocios millonarios. Pero, por supuesto, no para sus habitantes. A más de quince años de la extraordinaria revelación de vastísimas reservas de hidrocarburos enterradas en las costas submarinas (reservas que en tiempo récord transformarían al pequeño país en el de mayor producción de petróleo promedio por habitante del mundo), la situación general de este enclave con medio millón de habitantes no sólo no presenta mejoras, sino que se agravó de un modo sustancial.

En la actualidad, mientras el Producto Interno Bruto no deja de crecer gracias al descubrimiento del "oro negro", en Guinea Ecuatorial el 75% de la población vive en la pobreza y la mitad no tiene acceso al agua potable; el 80% carece de electricidad y no hay en todo el país una sola biblioteca (pública o privada); apenas cincuenta de los 2 880 kilómetros de carreteras están asfaltados; la malaria y el paludismo atiborran sus deficientes hospitales con miles de pacientes; y el 98% de la renta nacional es apropiada por la élite gobernante.

En cuanto a la expectativa de vida, ésta no supera los 54 años. Las cifras de mortalidad infantil también han empeorado: si en 1990 había 103 muertes por cada mil niños, en 2007 la cifra trepó hasta los 124, y la de menores de cinco años aumentó de 170 por cada mil en 1990 a 206 por cada mil en 2007.

Según sintetizó Arvind Ganesan, uno de los directores de Human Right Watch:

"Éste es un país en el que la gente debería tener la riqueza per cápita de España o Italia —si en 1990 era de 330 dólares, para 2002 la renta trepó hasta los 6.000 de la misma moneda—, y sin embargo, vive en una situación de pobreza peor que la de Chad o Afganistán".

Mientras tanto, el negocio del petróleo sigue dando dividendos extraordinarios.

Guinea es el tercer productor de hidrocarburos de África, con cuatrocientos mil barriles de crudo por día, lo que constituye unos cuatro mil quinientos millones de dólares; es decir, el 90% del PBI anual.

Las cifras del "milagro" guineano no dejan de sorprender a los especialistas: la economía creció en 1997 un increíble 95.3%, un año después superó el 67%, y hasta 2004 no bajó nunca de un 20%, en un ritmo sin comparación alguna a nivel mundial. Sin embargo, aquél sigue siendo uno de los países más pobres de la región.

En Guinea Ecuatorial, el término *gurú-gurú* se utiliza popularmente para definir la práctica cotidiana de sobornar a los funcionarios. La corrupción en las más altas esferas del Estado puede ser la rápida solución al enigma de un país rico con habitantes pobres, pero no es la única. Los yacimientos de Alba, Zafiro y Ceiba han convertido a Guinea en la nueva Kuwait, y en el apetitoso plato que se disputan corporaciones de todo el mundo. A cambio, ellas ofrecen a la casta gobernante algo más que el pago de regalías mínimas, en comparación con las que deben abonar en otros países vecinos. "Si sólo se robaran un 80% de la riqueza, Guinea sería un paraíso", afirmó un especialista en economía de la Fundación Sur. Pero no; la ambición del clan que encabeza el presidente Teodoro Obiang Nguema va más allá de lo imaginable.

Lo quiere todo, y lo quiere ahora.

El sobrino díscolo

Inquieto en su despacho recién estrenado, Teodoro Obiang no conseguía tener la paciencia necesaria para esperar el envío prometido desde el Museo Etnológico de Montjuic. El mandatario sólo calmó sus nervios cuando el camión del correo estacionó frente al Palacio Presidencial de Malabo, y un enviado del Ayuntamiento de Barcelona dejó en sus manos el paquete con su misterioso contenido: un cofre repleto de calaveras.

Conmovido por la imagen de los cráneos de sus antepasados y confiado en que esos despojos pudieran transmitirle el vigor de los antiguos jefes tribales, Obiang preguntó, intrigado, al delegado español: "¿Usted cree que habrán perdido su fuerza?". El nuevo dictador necesitaba todo el vigor místico de sus ancestros para afrontar su ardua tarea.

Alférez formado en la Academia Militar de Zaragoza, miembro del clan de los Mongomo y apodado El Hechicero por su afición a contratar brujos de Camerún y Ghana para consultarlos ante cada decisión importante, Teodoro Obiang Nguema Mbasogo nació en 1942. Llegó al poder en 1979, a través de un golpe de Estado con el que derrocó a su tío, Francisco Macías Nguema, el hombre elegido por los españoles para que encabezara la transición de colonia a país independiente en Guinea Ecuatorial.

El gobierno de Macías se había caracterizado por imponer el tribalismo como doctrina política y social, por su crueldad extrema y por destruir la economía. El hombre no dudó además en perseguir cualquier atisbo de oposición y reprimir toda expresión intelectual. Llegó al extremo de ordenar detener a cualquier hombre que se trasladara con material impreso entre sus manos o que usara anteojos, señal inequívoca de un potencial subversivo contra el régimen.

Al final de su mandato, tras once años de dictadura, Macías era el responsable, a través de sus grupos paramilitares, de entre ochenta mil y cien mil muertes, casi un tercio de la población total del país.

Obiang, por entonces general de brigada, encabezó la insurrección militar que denominó "golpe de libertad", y persiguió a su tío durante dos días, hasta que lo encontró corriendo por la selva, no muy lejos de la frontera con Gabón, vestido con harapos y arrastrando dos pesadas valijas llenas de billetes norteamericanos y de anfetaminas.

Un par de días después decretó su ejecución, en un gesto que fue saludado por la población como un acto de justicia por los crímenes del anterior mandatario. La orden fue llevada a cabo por un pelotón de soldados marroquíes.

Pero las esperanzas democráticas que parecían despertar con el final de la dictadura del tío Macías quedaron prontamente olvidadas en la agenda del sobrino Obiang.

Respecto del manejo del Estado, si con Macías la corrupción parecía centralizada en una sola persona, con Obiang el negocio ilegal comenzó a expandirse por todo su clan.

Desde el momento de su arribo al poder, el nuevo dictador se preocupó por ligarse directamente a la órbita de Francia en el Continente Negro, y entronar como moneda nacional el franco CFA, en un proceso que continuaría hasta 2010, cuando pidió formalmente el ingreso de su país a la comunidad de países lusófonos (los que tienen el portugués como lengua oficial).

Aquel gesto inicial le valió a Obiang ser considerado "un amigo" por el ex presidente galo Jacques Chirac, y también ser incorporado, desde 1984, al área de influencia económica francesa. Pero sabemos que este tipo de afectos encierran razones más cercanas al bolsillo que al corazón. El verdadero motivo del acercamiento de Francia a Obiang estaba vinculado a que el 60% de la producción global de la corporación Elf se obtenía del Golfo de Guinea.

Las razones del olvido y desplante a España, la ex metrópoli colonial, tenían que ver con el agravio que sintió Obiang cuando Madrid ignoró el pedido de sumar personal para su Guardia Civil. Ello lo llevó a inclinarse hacia Marruecos como segunda opción. El régimen marroquí alauita (de la dinastía Alauí) apoyó con entusiasmo su gestión e impulsó su ingreso a la Unión Africana y al Banco de Estados de África Central.

Obiang confiaría siempre su seguridad personal a una guardia pretoriana, un cuerpo de élite formado por ex militares marroquíes, a los que denominó simpáticamente "mis ninjas". El interés español por su antigua colonia resurgió recién después de 1995, cuando el petróleo comenzó a abrir los ojos a las principales corporaciones ibéricas. Éstas se percataron del enorme negocio que se estaban dejando arrebatar por sus pares estadounidenses y francesas, y el amor renació.

Como muchos de sus colegas africanos, durante los años noventa Obiang ensayó algunas medidas políticas cosméticas con el fin de modernizar su dudosa democracia, siempre con el mismo resultado: victorias aplastantes en elecciones fraudulentas, con entre el 95% y el 99% de votos "patrióticos" a su favor.

Pero cuando los resultados le fueron esquivos, como en 1995, cuando la oposición se unificó para lograr el triunfo en diecinueve de veintisiete municipios, no caviló en detener el escrutinio, anularlo por "irregularidades" y acusar a los dirigentes de la oposición de "enemigos de la patria".

En las elecciones de 2010, el triunfo de Obiang se dio con el 93% de los votos; el resto de los trece partidos de la oposición ya eran miembros de su propio gobierno, cooptados por la billetera oficial o "persuadidos" por las presiones del aparato represivo.

De todos modos, entre los cien diputados que componen la Cámara Legislativa, la oposición apenas ocupa un escaño en 2011 (hasta 2010, tenía dos), y cuenta con menos de una decena de concejales de los cerca de trescientos en el país. Pese a la ausencia de garantías y a las singularidades del "voto patriótico" (se exige enseñar la papeleta públicamente), los tres observadores españoles allí destacados señalaron los "avances democráticos" en los comicios.

Según informes de organizaciones no gubernamentales, Guinea Ecuatorial no sólo es un paraíso de corrupción, sino también un enclave represivo que persigue, tortura y secuestra exiliados políticos incluso por fuera de sus fronteras, como lo habría hecho en Benín, Gabón, Ghana, Camerún y hasta en España. De hecho, en 1995 un grupo de sicarios guineanos mató en el barrio madrileño de Alcorcón a un opositor al régimen de Obiang.

El dictador, en tanto, persiste en gastar fortunas en campañas internacionales para "lavar" su imagen. Primero contrató a la empresa publicitaria estadounidense *Cassidy & Associates* por ciento veinte mil dólares mensuales para que mejorara la imagen de su país como pujante centro de inversiones.

La decisión dio sus réditos: la agencia logró publicar una página entera en el *New York Times*, donde se describía a Guinea como un "pequeño paraíso", libre de enfrentamientos tribales y con un régimen político estable.

Luego hubo otro paso promocional. En noviembre de 2008 estalló la polémica cuando la UNESCO anunció la próxima entrega del Premio Internacional Ciencias de la Vida, "en reconocimiento a los logros científicos que mejoran la calidad de la vida humana", financiado con tres millones de dólares del presidente de Guinea Ecuatorial, con el único requisito de que el galardón llevara su nombre.

El arzobispo sudafricano Desmond Tutu, premio Nobel de la Paz en 1984 por su lucha contra el régimen de apartheid en su país, afirmó que era "terrible" que la UNESCO se prestara a "mitigar la mala reputación de un dictador" a cambio de una fortuna que, afirmó, "debería utilizarse en beneficio del pueblo de Guinea Ecuatorial". Más tarde añadió con contundencia:

"El pueblo sigue en la pobreza y la opresión mientras el presidente y sus allegados viven en el lujo y el derroche".

El negocio petrolero

Para la revista estadounidense *Harper's*, el presidente de Guinea Ecuatorial es "el peor dictador de África", opinión que no parecen compartir los ejecutivos de las corporaciones ExxonMobil y Marathon Oil.

"Las cifras del petróleo son un secreto de Estado", advirtió el presidente Obiang ante la requisitoria del periodismo europeo.

Hablar de falta de transparencia en la firma de los contratos petroleros es quedarse corto a la hora de definir el mecanismo instaurado desde el poder.

En las conclusiones de su informe sobre la corrupción en Guinea Ecuatorial, Human Rights Watch exige la completa divulgación de la riqueza procedente del petróleo.

Esto es: hacer públicos los presupuestos, que son secretos de Estado; identificar todas las cuentas del gobierno en bancos extranjeros; aplicar la ley que exige a los funcionarios declarar sus bienes; realizar una auditoría de las cuentas oficiales. Pero la familia Obiang no está muy de acuerdo con estas demandas.

El primer beneficiario del descubrimiento hidrocarburífero en las aguas del Bioko fue el gigante americano ExxonMobil, pero con el tiempo otras firmas estadounidenses comenzaron a desembarcar con sus dólares frescos en las costas de Guinea.

Marathon Oil, Amerada Hess y Vanco Energy fueron las primeras en seguir el venturoso camino de la afortunada ExxonMobil.

Ninguna la ha podido superar en su política de seducción, más aún desde que se hizo cargo, hace ya algunos años, de subvencionar cada uno de los viajes del presidente o de su Primera Dama al exterior, como muestra de gratitud por los favores recibidos.

Pese a ello, Marathon Oil hace méritos para congraciarse con el régimen: en junio de 2003 ofreció pagar los costos del viaje presidencial a los Estados Unidos.

Lo singular del caso es que las corporaciones petroleras, según estimaciones del Banco Mundial en 2003, apenas dejan en Guinea Ecuatorial entre el 15% y el 30% de las ganancias, cuando lo normal en los países vecinos de África es que el país productor retenga entre el 45% y el 90% de los beneficios.

En la firma de ventajosos contratos para las corporaciones, en los cuales se les exige un margen de renta mucho menor al normal, resulta evidente que el gobierno de Guinea tiene "preferencia por los ingresos inmediatos en vez de la optimización financiera a largo plazo", según agregan desde el Banco Mundial.

Astuta frente a un régimen interesado en hacer caja en el plazo más breve posible aun a costa de perder beneficios a futuro, la empresa BG Plc, antigua British Gas, compró cerca de sesenta millones de toneladas de gas natural licuado, lo que corresponde a toda la producción prevista para los próximos diecisiete años.

Por supuesto, la compañía no tiene intención de revelar la cifra acordada con el gobierno de Malabo (antigua ciudad de Santa Isabel, durante el dominio español), pese a haber firmado la Iniciativa para la Transparencia en las Industrias Extractivas en su país de origen, Gran Bretaña.

Por su parte, el gigante estadounidense Marathon Oil apenas deriva al Estado guineano el 25% de las acciones de su planta productora de gas licuado en el yacimiento de Alba, y se lleva el 95% de los extraordinarios beneficios.

Según el diario londinense *The Guardian*, Marathon Oil presumía, en un documento de circulación interna, que el proyecto de Alba sería "una de las operaciones menos costosas de gas licuado en la cuenca atlántica", para lo cual, según afirma el matutino, la corporación le ofreció al presidente Obiang una generosa gratificación de dos millones de dólares.

El manejo de Obiang con el dinero procedente del negocio petrolero, y usado para transacciones personales, fue la llave que abrió el proceso que culminó con la quiebra de la Banca Riggs, la más antigua de Washington, tras conocerse en 2003 la procedencia irregular de sus fondos, a partir de una investigación del Senado de los Estados Unidos.

Según el informe, Obiang contaba en el Riggs con varias cuentas por un total de setecientos millones de dólares, la mayoría de ellas receptoras de pagos habituales de Chevron, Marathon Oil y otras compañías. Parte de ese dinero fue trasladado, con la colaboración de los operadores del banco, a dos cuentas en entidades de Luxemburgo y Chipre, a través de una empresa ficticia en Bahamas, Otong S.A.

El mismo año en que se desató el escándalo en Washington, el gobierno de Guinea Ecuatorial era el cliente más importante del Riggs.

Pero para el dictador, la investigación de la justicia norteamericana no era otra cosa que una maniobra para "desestabilizar la democracia guineana" al servicio de intereses "inconfesables". Sin embargo, para 2005, el Riggs Bank se declaró culpable de violar la Ley sobre Secreto Bancario al ocultar millones de dólares provenientes de Guinea, y aceptó el pago de una multa récord de dieciséis millones de dólares.

La reacción de George W. Bush frente a la denuncia contra el Riggs, lejos de mantener las distancias que existían con aquel país, fue la de profundizar una relación basada en el interés comercial de sus corporaciones. Si en 2005 ya había ordenado la reapertura de la Embajada de Estados Unidos en Malabo, cerrada desde 1996 por las repetidas denuncias de violaciones a los derechos humanos por parte del gobierno de Obiang, un año después, durante la visita del mandatario guineano a Washington, la secretaria de Estado Condolezza Rice afirmó públicamente: "Es usted un buen amigo y le damos la bienvenida".

El negocio del petróleo, entonces, es la llave para comprender la fortuna y la impunidad de los Obiang. Como señala el diario francés *Le Monde*:

"Al margen del oro negro, nada tiene interés para las autoridades guineanas. La economía del cacao está casi olvidada, no se exporta ni una tonelada de café y los trabajos en torno al sector maderero están abandonados".

Para el clan en el gobierno, no hay motivos para preocuparse.

Toda su atención está centrada en firmar nuevos y cada vez más rápidos contratos con las empresas petroleras.

Los delirios del primogénito

La familia Obiang está en todos lados. El Estado en sí parece una prolongación de la mesa familiar. Cada uno de sus integrantes se halla ocupando un lugar estratégico en la economía o la política del pequeño país.

Armengol Ondó Nguema, hermano del presidente, es el dueño de la agencia de empleo Amilocaser. También cuenta con una empresa de seguridad privada, Sonavi, que tiene el monopolio de esos servicios en Guinea, por lo cual firmó importantes contratos con ExxonMobil y Amerada Hess para resguardar sus yacimientos.

Otro hermano de Obiang, Antonio Mba Nguema, es ministro de Defensa y dueño de la contratista MSS.

Su hijo Gabriel Mbega Obiang Lima es secretario de Estado de Minas y Energía, y además, titular de la empresa Nomex.

Un tío del presidente, Manuel Nguema Mba, es ministro de Seguridad.

El suegro de Obiang, Juan Oló Mba Nseng, controla Apegesa y es ex ministro de Minas e Hidrocarburos.

El primer ministro, Ignacio Miliam Tang, también miembro del clan, se convirtió en el principal accionista de la empresa de transportes Soproacosa, creada a partir de la flota de vehículos que los norteamericanos habían instalado en las sedes de un proyecto cancelado durante su primera fase.

Otro caso escandaloso está relacionado con el lujoso Hotel Media Luna, subvencionado por el gobierno italiano con 3.6 millones de francos. El clan Obiang invirtió en ese proyecto apenas seiscientos mil francos, derivando el resto del dinero para la construcción del Hotel Mongomo, cuyo propietario es uno de los hijos del presidente, el ministro de Obras Públicas Alejandro Envoro.

Pero toda familia tiene un preferido. En el caso de los Obiang, éste es Teodorín, el hijo mayor del dictador. Ministro de Medio Ambiente, Agricultura y Bosques, cobra por mes unos seis mil setecientos dólares. Con ese nivel de ingresos, según los cálculos de la organización denunciante Global Witness, tardaría cuatro mil seiscientos años en pagar el lujoso yate que encargó construir en marzo de 2011 a la empresa alemana Kush Yachts, valuado en trescientos ochenta millones de dólares, e inspirado en la famosa embarcación Pelorus, del magnate ruso Roman Abramovich.

El yate de Teodorín tendría 118.5 metros de eslora, un cine, un restaurante, bar, piscina y un sistema de seguridad completo con barreras fotoeléctricas y puertas que se abren con huellas dactilares. En definitiva, el gasto proyectado en el yate por Teodorín equivale a tres veces el gasto anual de su país en sanidad y educación juntas.

Según asegura Gavin Hayman, uno de los directores de Global Witness:

"Hay pruebas de un nivel de corrupción de Teodorín que no sería posible si países como Alemania o Estados Unidos no fuesen lugares seguros para él y su discutible riqueza secreta".

Teodorín es a la vez dueño de la principal empresa maderera del país, una aerolínea, emisoras de radio y televisión, propiedades en Ciudad del Cabo y hasta una compañía discográfica con sede en Beverly Hills.

Respecto de sus dos residencias en Ciudad del Cabo, compradas con siete millones de dólares, Teodorín tuvo que dar explicaciones ante el fisco sudafricano, en particular para advertir por qué no deseaba que su nombre apareciera en los registros de propiedad. Según alegó:

"No quería que mi nombre se asociara con las propiedades. Insistí en esto porque no quería que los noticieros, los periodistas, supieran dónde vivo en Ciudad del Cabo, por el simple motivo de que no quería que me asediaran los fotógrafos, invadiendo mi privacidad".

Teodorín, además, es presidente de la única compañía petrolífera del país, Total Guinea Ecuatorial, en la que el 80% de las acciones pertenece a la francesa TotalFinalElf.

En 2008, una organización de derechos humanos en España denunció al heredero del clan Obiang de malversar veintiséis millones de dólares de la compañía petrolera estatal de Guinea y utilizarlos para adquirir casas en Madrid, Asturias y las Islas Canarias.

Tampoco se preocupa demasiado por ocultar su mansión en Malibú, California, valuada en treinta y cinco millones de dólares, toda una flota de coches de lujo y un jet privado Gulfstream V que cuesta otros treinta y tres millones.

Como empresario, fijó un "impuesto revolucionario" sobre el precio de la madera a las empresas internacionales, aunque la recaudación no va a parar al Tesoro Público sino a su propia cuenta bancaria.

Un ejemplo sobresaliente de este método de recaudación paralelo fue el de la Empresa Nacional de Pesca (ENPGE), dirigida por un consejo encabezado por el propio Obiang y seguido por uno de sus hermanos, un sobrino de Macías, además de otros miembros del clan.

Según un informe del Departamento de Justicia de Estados Unidos, entre 2005 y 2006 el espectacular Teodorín transfirió unos setenta y tres millones de dólares desde un banco de Guinea Ecuatorial, a través del Banco Central de Francia, a cuentas de las entidades financieras Wachovia, Bank of America y UBS. Ya en 2004 se había registrado el retiro de 8.4 millones de dólares para la compra de tres autos de lujo en Sudáfrica.

Por otra parte, la oficina de Inmigración y Aduana informó que Teodorín "viaja con frecuencia a Estados Unidos con un millón de dólares en efectivo", y pone el acento en la facilidad con la que el hijo del mandatario obtiene visados de entrada en los Estados Unidos, pese a las leyes federales de 2005 que prohíben su obtención para funcionarios corruptos extranjeros. Teodorín se ha escudado más de una vez en la inmunidad diplomática para escabullirse de las acusaciones de la justicia francesa por tráfico de drogas y lavado de dinero.

Pero en eso no es el único. El embajador de Guinea en Ginebra, Marcelo Engonga Motulo, fue expulsado de allí bajo sospecha de narcotráfico y contrabando, para asumir en Malabo el cargo de director general de Comercio Exterior. La misma suerte corrió Lucas Nguema Esono, miembro de la delegación diplomática en Madrid, enviado de regreso a Malabo con similar acusación, y premiado en su país con el Ministerio de Gobierno. La esposa del ex embajador en Madrid, Bruno Esono Ondo, fue detenida en Brasil por viajar con una cantidad no especificada de drogas.

Para Teodorín, acumular denuncias judiciales y ser protagonista de varias investigaciones por hechos de corrupción parece más un deporte diario que un tema para alarmarse demasiado. Mientras el petróleo siga brotando desde las entrañas de su patria, la impunidad estará garantizada, sobrarán los amigos poderosos dispuestos a encubrir sus caprichos de lujo y no faltará el dinero suficiente para disfrutar de una vida que merezca ese nombre.

Dueño de una fortuna personal que se estima en setecientos millones de dólares, su papá Obiang no se ruboriza a la hora de admitir su riqueza frente a un país opulento en reservas hidrocarburíferas, pero con una población enterrada en la miseria. Es más, llegó a afirmar con orgullo:

"Como las Escrituras dicen cuando el Faraón de Egipto tuvo un sueño de vacas flacas y gordas, nosotros hemos pasado el tiempo de vacas flacas que representaba el hambre, y ahora estamos en el tiempo de vacas gordas, que es la prosperidad".

Obiang daba así un antecedente bíblico a su política de acumulación tan sencilla como veloz. Las vacas gordas podrán seguir pastando, siempre que el negro maná no deje de brotar de las entrañas de la generosa tierra.

Epílogo

"No entiendo por qué ustedes son el único país que nos acusa, todos los días, de ser unos corruptos. Si hay una persona corrupta en Estados Unidos, ¿por qué no decir que la Administración Obama está corrompida? Si hay corruptos en Alemania o en Francia, no decimos que esos gobiernos o esos pueblos son corruptos. Así que si hay corruptos en África tampoco podemos decir que todos los africanos lo son."

Abdoulaye Wade, presidente de Senegal, a la embajadora de los Estados Unidos, Marcia Bernicat, en 2010

Durante una epidemia de cólera y meningitis que provocó la muerte de once mil personas en 1996, la mayor corporación farmacéutica del mundo, la estadounidense Pfizer, suministró en Nigeria un nuevo medicamento a doscientos niños. Como consecuencia de la aplicación del antibiótico Trovan, once de ellos murieron, y el resto padece hasta hoy las brutales consecuencias neurológicas de ese experimento trunco.

Es decir, Pfizer utilizó al poblado norteño de Kano como laboratorio de experimentación y a doscientos chicos nigerianos como "conejillos de indias" para testear una droga sin licencia que supuestamente combatiría la meningitis, pero ahorrando realizar los costosos análisis previos.

Durante al menos cuatro años, el drama provocado por Pfizer fue silenciado por la empresa y también por el gobierno local, pero todo estalló cuando un médico de la compañía denunció la maniobra, antes de ser despedido.

Pfizer reaccionó con rapidez: negó cualquier vínculo con las víctimas, denunció la operación como un recurso para intentar quitarle dinero y preparó regalos y agasajos para la prensa nigeriana a cambio de artículos generosos a favor de su versión de la historia. Pero además, según revela Wikileaks en sus informes secretos, contrató investigadores privados para que husmearan en la vida privada del fiscal general de la causa, para así implicarlo en casos de corrupción y desautorizarlo públicamente.

La verdad salió a la luz poco después: el gigante farmacéutico negoció con el ex presidente de Nigeria, Sani Abacha, eludir ciertas trabas burocráticas e incómodas normas éticas para obtener el permiso de las autoridades sanitarias, a cambio de una generosa comisión depositada en la cuenta bancaria del dictador.

En 2002 y a partir de un acuerdo extrajudicial como último recurso ante la creciente presión internacional, la corporación ofreció pagar setenta y cinco millones de dólares (diez millones para gastos legales, treinta millones para el gobierno del estado de Kano y treinta y cinco millones para los participantes y sus familias) a cambio de evitar el juicio y de no hacerse cargo de las secuelas de los sobrevivientes.

Tal vez no exista otro caso más paradigmático del moderno mecanismo de la corrupción que el de Pfizer en Nigeria. Una corporación multinacional, estimulada por un gobierno que protege sus inversiones sin controlar los nada éticos métodos aplicados, utiliza su capacidad financiera para corromper la gestión de turno y eludir costos con el fin de llevar a cabo su redituable investigación.

El último eslabón de la cadena siempre es el pueblo, en este caso puntual el nigeriano, víctima de una red conspirativa poderosa que a veces se apropia de las riquezas naturales y, en otras ocasiones, explota o saca ventaja con absoluta impunidad de la situación de pobreza de millones de habitantes desprotegidos.

El ejemplo de Pfizer, extremo y simbólico, de un procedimiento que casi siempre se lleva a cabo en el más cómplice de los silencios, permite comprender mejor las razones del fenómeno de la corrupción y el rol que cada uno ocupa en la cadena del negocio ilegal.

La ambición domina cada extremo del hilo que tensa la corrupción, la impunidad garantiza la continuidad del sistema, y las ganancias compran voluntades y silencios útiles para no detenerse a reparar los daños provocados.

En las fastuosas oficinas de las multinacionales, los operadores murmuran sus hazañas en regiones del Tercer Mundo. En los despachos oficiales de Occidente, las autoridades firman acuerdos y dan vía libre a sus aliados corporativos para que persistan en su provechoso negocio, siempre a buen resguardo de la mirada inquisidora de algún periodista inquieto.

En las mansiones de los dictadores de turno, el séquito presidencial prepara el agasajo para la comitiva de inversores a punto de llegar, para concretar un acuerdo que permanecerá en el más riguroso secreto.

Espectadores de este perverso sistema en el que siempre ganan y pierden los mismos, los habitantes de África y Asia padecen en carne propia la desgracia de pisar suelos riquísimos en hidrocarburos, diamantes y coltán, y transitar una existencia marcada por el trabajo esclavo, la represión estatal y la visión de un futuro sin esperanzas.

Varios elementos en común unifican las historias de los tiranos corruptos.

Cada uno de ellos construyó un imperio a partir de la fuerza coercitiva del Estado.

Todos descubrieron la seducción del poder y la facilidad con que podían incrementar sus ingresos con sólo firmar contratos o autorizar la llegada de inversores a sus tierras. Todos supieron proteger con fiereza a sus nuevos aliados económicos, sin preocuparse por mejorar la crítica situación de hambre y exclusión de sus poblaciones, y sin reparar en la finitud de los recursos naturales de su patria o en la destrucción del medio ambiente durante el proceso extractivo.

Todos contaron desde el principio con el respaldo de alguna gran potencia internacional, y con la asesoría incondicional de sus socios extranjeros a la hora de disimular sus depósitos millonarios en el exterior, para evitar ser detectados por el distraído ojo de un poder que siempre elige mirar para otro lado.

Cada uno de esos tiranos (que de pintorescos, como se pretende, no tienen nada) supo entrenar a su familia y a su clan en la gimnasia de apropiarse de las ganancias del Estado.

De los siete casos registrados en este libro (con mandatos terminados o en curso a la fecha de nuestra redacción), nunca el responsable local terminó sus días en prisión; por el contrario, vivió su decadencia y epílogo en la comodidad del exilio o esperando el final de sus días sin necesidad de rendir cuentas ante tribunal alguno, sin cargos por el atraco sistemático o las violaciones a los derechos humanos cometidas durante años.

Ninguno de los protagonistas de este libro entregó el poder por consentimiento propio o a partir de una derrota en las urnas, en elecciones democráticas, sino por las presiones de levantamientos populares, insurrecciones armadas, crisis económicas o la llegada inoportuna de la muerte.

Por eso, mientras las noticias de la corrupción en países tan lejanos a los ojos occidentales, gobernados por tiranos sanguinarios que tan poco parecen tener que ver con los líderes del "mundo civilizado", sacuden a algunos lectores por un par de minutos, en las bóvedas de un banco suizo, el dinero de Sani Abacha duerme el sueño de los justos, y en la bolsa de Wall Street, las ganancias de Pfizer alcanzan, durante el primer trimestre de 2011, un récord inesperado de 2 220 millones de dólares, 188% más que en el mismo periodo de 2008.

Muy lejos de allí, en una aldea al norte de Nigeria, cuando los pobladores ven llegar a los médicos de la ONU en "misión humanitaria", los reciben a piedrazos.

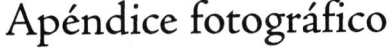

Apéndice fotográfico

NIGERIA: PETRÓLEO Y PODER

Sani Abacha, el hombre fuerte de Nigeria de 1993 a 1998. Cinco años le bastaron para ser considerado uno de los gobernantes más corruptos de su país.

"En casa de herrero..." En una calle de Nigeria, país rico en petróleo, una mujer vende gasolina en botellas de licor.

Ferdinand Reus / Flickr

USAID Photo Library

Un hombre vota en la calle, en público y sin la mínima privacidad. La escena es del año 1999, cuando aún Sani Abacha regía los destinos de Nigeria.

Elecciones populares en 2011. Las condiciones para el electorado han variado pero, obviamente, no en la medida de los estándares de los países desarrollados.

Jeremy Weate / USA Gov.

OMAR BONGO: EL AMIGO DE OCCIDENTE

Omar Bongo fue el presidente más longevo de África. Electo en 1967, gobernó hasta 2009. A la izquierda, con George Bush en la Casa Blanca; a la derecha, hablando en las Naciones Unidas.

En visita a los Estados Unidos del Brasil, con el presidente Lula da Silva.

Según pasan los años

Retratos de una amistad. Ferdinand Marcos e Imelda con Lyndon Johnson, en la Casa Blanca, el 14 de septiembre de 1966.

Marcos con Richard Nixon, el 26 de julio de 1969. Las relaciones seguían siendo óptimas con el amigo de Washington.

En las afueras de la Sala Oval, con el presidente Ronald Reagan, el 16 de septiembre de 1982.

EL ÚLTIMO FARAÓN

Eric Draper / USA Gov.

Hosni Mubarak, tercer presidente de Egipto. Gobernó su país de 1981 a 2011. Aquí con George W. Bush el 5 de marzo de 2002.

Kodak Agfa / Flickr

El mandatario caracterizado como Hitler en la rebelión de enero de 2011.

El pueblo egipcio gana las calles en la llamada Revolución de los Jóvenes. La presión popular motivó la renuncia de Mubarak.

Kodak Agfa / Flickr

Suharto: "uno de los nuestros"

National Library, Indonesia

Mohammad Suharto jura como presidente de Indonesia. Se quedaría tres décadas en el poder. ¿El secreto? Buenos negocios con los Estados Unidos, alineamiento ideológico y represión interna.

National Library, Indonesia

La familia en pleno. Los negocios del presidente y su grupo llevaron a considerar su gobierno el más corrupto de la historia global.

Suharto obedeció al pie de la letra los postulados del FMI y el Banco Mundial. Eso le daba cobertura a sus negocios. Aquí con su esposa Tien, llamada "Madame Diez por Ciento".

National Library, Indonesia

141

Mobutu: la "caja fuerte con patas"

Jack E. Kightlinger / USA Gov.

Mobutu Sese Seko fue el primer y único presidente de la república de Zaire. Amasó una enorme fortuna personal, mantuvo excelentes relaciones con los Estados Unidos y murió en el exilio.
Arriba: con el Secretario de Defensa Caspar W. Weinberg, en el Pentágono, en agosto de 1983.
Abajo: su imagen en billetes y monedas.

Obiang Nguema: "el que arregla las cosas"

Rodriguez Pozzebom / ABr.

Obiang Nguema subió al poder en Guinea Ecuatorial mediante un golpe de Estado, el 3 de agosto de 1979. La organización Amnesty International lo acusa de severas violaciones a los derechos humanos.

Con Condoleezza Rice, en su visita a Washington, el 12 de abril de 2006.

USA Gov.

Lawrence Jackson / USA Gov.

Septiembre de 2009. Barack Obama y su esposa Michelle brindan una recepción a Obiang en el Metropolitan Museum, de Nueva York.

EL REVERSO DE LA MONEDA

Mark Knobil / USA

Un niño africano parece preguntarle a la cámara: "¿Por qué?" El Continente Negro es rico en recursos naturales, en petróleo y minerales. Pero la corrupción sigue siendo una imperdonable sangría para el pueblo.

El continente africano tiene más de 1.000 millones de habitantes y registra 2.000 lenguas distintas. Las diferencias con los países del Norte son abrumadoras.

Enrique Sáenz / USA Navy

Magnus Mansk

Golpes de Estado, guerras internas, gobiernos títeres. Las potencias occidentales a menudo privilegian el lucro inmediato a los valores humanos que dicen defender.

Bibliografía

- Batá, Carlo; *El África de Thomas Sankara*, Euskal Herria: Txalaparta, 2011.
- Beah, Ishamel; *Un largo camino. Memorias de un niño soldado*, Madrid: RBA, 2008.
- De Sebastián, Luis; *África: pecado de Europa*, Madrid: Trotta, 2010.
- Elaasar, Aladdin; *El último faraón: Mubarak y el incierto futuro de Egipto en la era Obama*, 2009.
- Gasparini, Juan; *Mujeres de dictadores*, Buenos Aires: Norma, 2008.
- Huband, Mark; *África después de la Guerra Fría. La promesa rota de un continente*, Barcelona: Paidós, 2004.
- Human Right Watch; *Bien engrasado. Petróleo y derechos humanos en Guinea Ecuatorial*, 2009.
- Jiménez, David; *Hijos del monzón*, Madrid: Kailas, 2007.
- Klein, Naomi; *No logo. El poder de las marcas*, Barcelona: Paidós, 2002.
- Le Carré, John; *El jardinero fiel*, Barcelona: Plaza & Janés, 2001.
-Lockwood, Matthew; *El estado de África. Pobreza y política en África*, Cataluña: Intermón Oxfam, 2007.
- Lozano, Antonio; *El Caso Sankara*, Córdoba, España: Almuzara, 2006.
- Madrid, Juan; *Bares nocturnos*, Barcelona: Edebé, 2009.
-Mandela, Nelson; *Conversaciones conmigo mismo*, Barcelona: Planeta, 2010.
- _____; *Un ideal por el cual vivo*, Euskal Herria: Txalaparta, 2008.

- Meredith, Martin; *África: una historia de 50 años de independencia*, Cataluña:Intermón Oxfam, 2011.
- Pedrero, Miguel; *Corrupción. Las cloacas del poder*, Madrid: Nowtilus, 2004.
- Sánchez Piñol; Albert: *Payasos y monstruos. Dictadores africanos que se creían dioses*, Madrid: Aguilar, 2006.
- Soyinka, Wole; *Partirás al amanecer*, Buenos Aires: Del Nuevo Extremo, 2010.
- Transparencia Internacional; *Informe global de la corrupción 2010*.
- Wrong, Michela; *Ahora comemos nosotros*, Cataluña: Intermón Oxfam, 2011.

Índice

Gabriel Glasman
EL CAMARADA INCÓMODO
La caza de León Trotsky por el poder stalinista

León Trotsky, héroe de la Revolución Rusa de 1917, sufrió el exilio a raíz de su enfrentamiento ideológico y político con Josef Stalin, el hombre fuerte del poder soviético. Asesinado en México, país que le concediera asilo, su nombre y sus obras aún respaldan organizaciones políticas en todo el mundo. Ésta es la trama de una tenaz persecución, y de un magnicidio ejecutado en tiempos en los que soñar un mundo justo parecía la única opción posible.

Fabián Berenstein
GO HOME!
Intervenciones de la CIA y los Marines
en América Latina

Desde su independencia, Estados Unidos ha demostrado una vocación expansionista expresada sobre todo con sus vecinos del sur. La historia de las injerencias norteamericanas en esa parte del continente incluye presiones diplomáticas y económicas, sabotajes, asesinato de líderes políticos, creación de ejércitos mercenarios… Aquí desfilan la CIA, los Marines y el Departamento de Estado, en un accionar que ya lleva siglos.

José Andrés López
¡MATEN A FIDEL!
La apasionante trama de los atentados
contra el líder cubano

Desde 1958 hasta nuestros días, Fidel
Castro ha sido objeto de más de seiscientos atentados, fallidos o neutralizados.
Ello habla tanto de una persistente obse-
sión por asesinarlo como de la eficiencia
de los servicios de seguridad de la isla.
José Andrés López traza aquí un apasionante panorama de ese medio siglo de
tentativas, de la base ideológica y financiera que les diera sustento, y del perfil
de sus autores materiales o mediatos.

Doménico Mantuano
LOS NEGOCIOS DE PEDRO
Vaticano: política, armas, poder

Desde que Jesús bendijo a Pedro hasta nuestros días, mucha agua pasó bajo los puentes, y también muchos "pontífices". Algunos de ellos, más que "hacedores de puentes" fueron constructores de poder y fortuna. La Iglesia Católica tiene un brazo terrenal, humano, sujeto a errores que no pocas veces ella misma admitió. Lejos de cuestionar las verdades de una fe de aceptación universal, este libro señala "algunas flagrantes contradicciones entre los propósitos enunciados y algunos de los procederes del Vaticano".

Alberbto Mazzuca
HITLER MUERDE EL ANZUELO
Normandía: la trama oculta del día D

En Junio de 1944, las tropas aliadas des-
embarcaron en las playas de Normandía,
sorprendieron a los alemanes y sella-
ron el resultado de la Segunda Guerra
Mundial, en la mayor operación anfibia
de toda la historia. Pero esta no hubiera
sido posible sin una batalla anterior que,
sin disparar un tiro, solo con ingenio y
audacia, abrió el camino hacia la Europa Continental. Esta es la historia de esa
apasionante batalla. Cavando defensas
en el sitio equivocado, Hitler mordió el
anzuelo.